I Peccati di Grande Petrolio

Come le multinazionali distruggono il nostro pianeta, il clima e l'economia mentre fanno profitti folli e usano il greenwashing per ingannare la società!

AF434066

Edizione 3.0

GREEN MEDIA HOUSE
&
GLOBAL PEACE FRONT

Dichiarazione di non responsabilità

Inquinamento da Big Oil

Affrontare il cambiamento climatico è qualcosa che facciamo insieme. In tutto il mondo, le persone stanno trovando la forza e il coraggio di agire. Tuttavia, ci sono alcuni grandi inquinatori che vengono lasciati indietro. Queste aziende emettono ogni anno quantità eccessive di CO2 nei Paesi Bassi. È giunto il momento di mettere sotto i riflettori i maggiori inquinatori e le aziende che alterano il clima e iniziare a ritenerli responsabili dei danni che stanno causando alla nostra casa collettiva.

Shell è una compagnia olandese di petrolio e gas con sede nei Paesi Bassi. La sua reputazione di "nero petrolio" è ormai nota a tutti. Oltre alle massicce emissioni di quasi 7 megatonnellate all'anno nei Paesi Bassi, la storia dell'azienda è una serie di pratiche malvagie. Questo grande inquinatore è in parte responsabile dei terremoti che hanno afflitto Groningen per anni, viola i diritti umani in Nigeria e ha decine di cause legali contro di sé per corruzione e inquinamento. La Shell è a conoscenza da quasi 60 anni degli effetti nocivi dei suoi prodotti sul riscaldamento globale.

BP è un'azienda petrolifera britannica con una raffineria di petrolio nei Paesi Bassi. Questa raffineria lavora 400.000 barili di petrolio al giorno ed emette ben 2,2 megatonnellate di CO2 all'anno. BP è responsabile di una delle più grandi fuoriuscite di petrolio della storia: quella del 2010 nel Golfo del Messico. Il disastro ha ucciso 11 persone e ha avuto conseguenze terribili per i fragili ecosistemi marini. La BP non sembra imparare dai suoi errori fossili e questo grande inquinatore vuole trivellare vicino alla barriera corallina amazzonica, incontaminata e appena scoperta, e nel Mare del Nord.

Esso è un marchio internazionale della società americana Exxon Mobil Corporation. Esso ha più di 200 stazioni di servizio in tutti i Paesi Bassi e una raffineria a Rotterdam. Questa raffineria emette più di 1,5 megatonnellate di CO_2 all'anno nei Paesi Bassi. Exxon Mobil era a conoscenza del legame tra emissioni di CO_2 e riscaldamento globale già nel 1978. Nel periodo successivo, il grande inquinatore Exxon Mobil ha lanciato una potente lobby per mettere in dubbio il cambiamento climatico. Negli Stati Uniti, l'azienda è nota per essere il maggior finanziatore degli scettici climatici statunitensi.

Dow Chemicals è un'azienda di origine americana. È il maggior produttore di materie plastiche e la seconda azienda chimica al mondo. Gli impianti chimici di Terneuzen emettono complessivamente più di 4,1 megatonnellate di CO_2 all'anno. A buon diritto, uno dei maggiori inquinatori. Dall'altra parte del mondo, la Dow Chemicals è stata collegata al più grande disastro industriale di sempre. Il disastro tossico nella città indiana di Bhopal è avvenuto nel 1984, ma i rifiuti non sono mai stati bonificati. Inoltre, i sopravvissuti al disastro non hanno mai ricevuto un adeguato risarcimento. 30 anni dopo, a Bhopal nascono ancora bambini deformi a causa del disastro.

"A livello nazionale e internazionale, è emersa la convinzione che le università, le istituzioni della conoscenza e le aziende debbano lavorare per una società a zero emissioni di CO2 entro un periodo di tempo realistico", è la descrizione del "Simposio Van Cauteren - Dutré Arenberg" a cui queste aziende sono state invitate il 24 novembre. Con l'idea che queste due aziende siano una sorta di stakeholder alla pari con i cittadini, i politici e le università, ArcelorMittal ed ExxonMobil hanno avuto una piattaforma per spiegare le loro politiche climatiche.

 Ben presto è emersa una lettera aperta con più di 150 firme di accademici, studenti e organizzazioni del settore intermedio che mettevano in discussione questa piattaforma. Il problema dell'inquadramento dell'evento è che si sorvola sui danni e sulle intenzioni di ArcelorMittal e ExxonMobil. Entrambe hanno un'enorme responsabilità nella distruzione del nostro clima, una responsabilità molto più grave di quella della gente comune. Inoltre, ricevono milioni di sovvenzioni pubbliche che non garantiscono alcuna politica sociale sul clima.

Una storia di inquinamento
In Belgio, 243 multinazionali del settore industriale ed energetico sono responsabili del 40% delle emissioni di CO2. Le prime 5 di queste aziende, tra cui ArcelorMittal ed ExxonMobil(1) , sono a loro volta responsabili del 20% di tutte le emissioni di CO2 in Belgio. ArcelorMittal

è il maggior inquinatore con 9,4 milioni di tonnellate di CO2 nel 2019.
Nello stesso anno, la compagnia petrolifera ExxonMobil ha prodotto 2,1 milioni di tonnellate di CO2 attraverso la raffineria Esso di Anversa.

Entrambe le aziende hanno un bilancio disastroso, che dimostra come antepongano i propri interessi finanziari al clima, all'ambiente e alle persone. In Europa, ArcelorMittal è una delle aziende più inquinanti, sia in termini di emissioni di CO2 che di danni ambientali.

Emissioni di CO2 e danni ambientali. Le sostanze che invia nell'aria contribuiscono a causare enormi danni alla salute e costi medici per migliaia di persone. Ma l'azienda contribuisce anche a un grave inquinamento ambientale in tutto il mondo con l'estrazione delle sue materie prime.

La storia della ExxonMobil è ancora più nota. Già nel 1977 il gigante petrolifero sapeva dell'esistenza del cambiamento climatico, ma ancora oggi continua a versare denaro a gruppi di studio che mettono in dubbio il problema o lo negano del tutto.

Negli Stati Uniti, sono noti come il gruppo di pressione più forte contro la politica climatica. Inoltre, cita sistematicamente dati sulle emissioni inferiori a quelli che effettivamente inquinano. Oggi, il gigante del petrolio ricava 253 miliardi di dollari di entrate da

operazioni che portano alla distruzione del nostro
pianeta.

Milioni di sussidi senza garanzie
Nonostante questa storia, durante il simposio saranno
felici di presentarsi come aziende che fanno del loro
meglio per il clima. In quanto tali, ricevono dai vari
governi i sussidi necessari per farlo. Il problema di
questi sussidi è che non hanno alcun effetto sulla
riduzione delle emissioni.

 Per esempio, ogni anno ricevono denaro dal Fondo
fiammingo per il clima per compensare i costi del
sistema europeo di scambio delle emissioni (ETS). In
base a questo sistema, le aziende devono acquistare
diritti di emissione per inquinare. Con i sussidi, il
governo vuole evitare la "fuga di carbonio", ovvero lo
spostamento della produzione in aree con una
legislazione climatica meno severa. I sussidi
comprendono anche milioni di quote gratuite per
compensare i cosiddetti costi sostenuti per la
transizione energetica. In questo modo i governi pagano
la "penalità climatica" delle aziende, invece che le
multinazionali stesse utilizzino i loro beni per passare a
una transizione verde. In questo modo viene meno
qualsiasi pressione finanziaria a favore della transizione.

 L'anno scorso, la ExxonMobil ha ricevuto più di 3
milioni di euro di sussidi per i suoi "
costi
indiretti

delle emissioni". Fino a poco tempo fa, la ExxonMobil riceveva ogni anno un milione di euro di troppo. ArcelorMittal ha ricevuto 13 milioni di euro di aiuti, oltre a 2 milioni di euro di "sostegno alla trasformazione strategica" e 4 milioni di "sostegno all'ecologia strategica". Ma le sovvenzioni più grasse sono le quote gratuite. Dei 9 milioni di tonnellate di CO_2 che ArcelorMittal emetterà quest'anno, 7,5 milioni di tonnellate saranno compensate da diritti di emissione gratuiti per un valore di 450 milioni di euro. ExxonMobil ha ricevuto quote gratuite per 21,6 milioni di tonnellate di CO_2 tra il 2005 e il 2015. Più delle loro emissioni effettive, per un valore di 4,2 milioni di euro in più.

Quindi, nonostante centinaia di milioni di sussidi vadano alle aziende inquinanti, le emissioni dei settori che ricevono sostegno e scambiano quote di emissione non sono diminuite dal 2011. Infatti, le emissioni dirette di ArcelorMittal (senza contare una centrale elettrica a gas di Engie che opera con il gas dell'azienda) e di ExxonMobil sono aumentate tra il 2013 e il 2019. Il governo sta organizzando un massiccio trasferimento di denaro fiscale dal basso verso l'alto per consentire ad aziende come ArcelorMittal ed ExxonMobil di inquinare. Investimento del governo, profitto del privato Tuttavia, ArcelorMittal ha recentemente annunciato un investimento su larga scala per ridurre le emissioni della sua produzione di 3,9 milioni di tonnellate di CO_2, sostituendo uno dei suoi altiforni con uno elettrico in grado di funzionare prima a gas naturale e poi a idrogeno. A lungo termine, questa operazione potrebbe effettivamente rendere la sua produzione neutrale dal punto di vista climatico, ma la domanda è quanto ArcelorMittal stia pagando per questo.

Il gigante dell'acciaio sostiene di non poterlo fare senza finanziamenti statali. Attraverso una joint venture, l'azienda e il governo fiammingo pagano ciascuno 350 milioni di euro, oltre a un prestito di 400 milioni di euro della Banca europea per gli investimenti (BEI). ArcelorMittal Belgium, tuttavia, ha versato quasi 100 milioni di euro ai suoi azionisti lo scorso anno e 300 milioni l'anno precedente. Nell'ottobre di quest'anno, gli operai dello stabilimento si sono licenziati perché non ottenevano alcun tipo di aumento salariale al loro posto. Con i prezzi dell'acciaio alle stelle, il gruppo ha già realizzato quest'anno profitti per 4,6 miliardi di dollari in tutto il mondo.

La ExxonMobil ha già realizzato quest'anno profitti per 6,7 miliardi di dollari in tutto il mondo. Quindi non solo stiamo sovvenzionando il loro inquinamento, ma anche gli investimenti verdi che sono perfettamente in grado di pagare da soli. I costi sono per la comunità, ma i profitti vanno agli azionisti.

Un dibattito sulle risorse pubbliche
È urgente un ampio dibattito pubblico sul ruolo di queste aziende nel riscaldamento globale e su come i nostri governi stiano regalando loro milioni di euro senza alcuna garanzia. L'attuale formato del simposio alla KU Leuven, che offre una piattaforma ad

ArcelorMittal ed ExxonMobil senza alcuna risposta
critica, non è un buon esempio.

 Soldi che potrebbero essere investiti molto meglio.
Perché ogni centesimo è una scelta: i soldi che vanno
alle multinazionali redditizie possono essere usati anche
per investire nel trasporto pubblico, produrre energia
verde, isolare le case o costruire case popolari.
"Significa aprire il dibattito su come spendere i fondi
pubblici per rendere la nostra industria neutrale dal
punto di vista climatico", scrive a questo proposito Bond
Beter Leefmilieu. "Diamo assegni in bianco o chiediamo
chiari ritorni a queste aziende?".

 La facoltà di ingegneria farebbe meglio a cambiare il
formato del dibattito. Potrebbe far intervenire persone
del movimento ambientalista, scienziati del sindacato
IPCC e persone delle stesse aziende. Così facendo,
inoltre, insegnerebbe un vero atteggiamento scientifico
e critico ai futuri ingegneri che apprezzano la
sostenibilità e il pensiero critico. In questo modo, non
lasciamo il dibattito alle multinazionali inquinanti che
sono la causa della distruzione del nostro pianeta.

Indice dei contenuti

Uccidere la pialla per profitto?

"Il disastro della BP causa la deformazione dei pesci nel Golfo del Messico".
Gamberi senza occhi e pesci con anomalie dei tessuti sono sempre più comuni nel Golfo del Messico. Gli scienziati sospettano che la causa sia l'inquinamento causato dal disastro del 2010 della piattaforma di trivellazione Deepwater Horizon della compagnia petrolifera BP.

"I pescatori non hanno mai visto nulla di simile", ha dichiarato Jim Cowan, professore del Dipartimento di Oceanografia e Scienze Costiere della Louisiana State University. "In vent'anni di ricerche sul dentice rosso, ho visto da venti a trentamila pesci. E anch'io non ho mai visto nulla di simile". Cowan ha sentito parlare per la prima volta dai pescatori di pesci con piaghe e anomalie della pelle nel novembre 2010, sette mesi dopo il disastro.

Tracy Kuhns e suo marito Mike Roberts, pescatori commerciali di Barataria, Louisiana, raccontano di aver pescato gamberi senza occhi. "Durante l'apice della stagione dei gamberi bianchi, a settembre, un nostro amico ne ha pescati 400 libbre", racconta Kuhns, che mostra un gambero senza occhi per illustrare la sua storia.

Kuhns sostiene che in quel periodo nella Baia di Barataria, un'area che ha sofferto molto per il disastro, almeno la metà dei gamberi pescati non aveva gli occhi. "Nel Golfo del Messico, in Alabama e nel Mississippi, i gamberi vengono catturati senza occhi. Stiamo anche vedendo granchi senza occhi, granchi con gusci morbidi anziché duri, granchi adulti che hanno solo un quinto delle loro dimensioni normali e granchi senza chele".

Darla Rooks, una pescatrice di Port Sulfur, in Louisiana, racconta di aver visto granchi con anomalie nel guscio e granchi che "stanno morendo dall'interno". Gli animali, secondo lei, sono ancora vivi, "ma quando li apri, puzzano come se fossero morti da una settimana".

Prodotti chimici

Riki Ott, tossicologo e biologo marino, ritiene che le sostanze chimiche utilizzate dalla BP per disgregare il petrolio, come i distillati di petrolio e il 2-butossietanolo, siano dannose per la vita marina. "Non sorprende che i solventi siano molto dannosi anche per gli esseri umani. La comunità medica lo sa da tempo".

Cowan ritiene che gli idrocarburi policiclici aromatici (IPA) rilasciati dal petrolio possano essere la causa delle anomalie. "I pesci sono stati esposti agli IPA e ho trovato analogie con i pesci anormali trovati dopo la fuoriuscita di petrolio della Exxon Valdez nel 1989. Ci sono anche analogie con gli esperimenti di laboratorio che abbiamo fatto", ha detto Cowan.

Secondo una ricerca dell'Università della Florida del Sud, in alcuni luoghi il 2-5% dei pesci è infetto, in altri luoghi della regione è del 20% e in alcuni casi addirittura il 50% dei pesci presenta anomalie.

Prima del 2010 si sono verificate anomalie anche nei pesci, ma secondo Cowan, che si è informato presso la National Oceanic and Atmospheric Administration (NOAA), si trattava di circa un decimo dell'uno per cento. "Pensiamo che l'esposizione cronica ai PAH possa spiegare questa alta percentuale di anomalie", ha detto.

Test in corso

L'ufficio del governatore della Louisiana Bobby Jindal, in un comunicato, ha fatto sapere che la Louisiana analizza continuamente l'acqua per verificare la presenza di petrolio e sostanze chimiche, oltre a cercare gli IPA. "I frutti di mare del Golfo vengono continuamente analizzati e gli inquinanti rilevati rimangono ben al di sotto degli standard fissati dalla Food and Drug Administration (FDA, l'agenzia statunitense per la sicurezza alimentare, ndr) per il consumo umano", si legge nel comunicato.

La FDA non ha voluto commentare e ha fatto riferimento alla NOAA, che non vuole parlare con i media a causa della causa in corso contro la BP. La stessa compagnia petrolifera afferma in un comunicato che i frutti di mare del Golfo del Messico sono tra gli "alimenti meglio controllati al mondo" e che, secondo la FDA e la NOAA, sono sicuri come lo erano prima della fuoriuscita di petrolio.

Secondo BP, le anomalie si verificano spesso nei pesci. Prima del disastro della Deepwater Horizon, ad esempio, esistevano prove documentate di anomalie cutanee causate da parassiti. Nella dichiarazione, la BP afferma che sta finanziando diversi studi da parte di organizzazioni indipendenti sull'impatto della fuoriuscita di petrolio sull'ambiente. Questi includono programmi di analisi dei frutti di mare, monitoraggio degli stock ittici e studi sulla qualità dell'acqua.

Più sovvenzioni per i combustibili fossili?

L'anno scorso, il sostegno dei governi ai combustibili fossili è quasi raddoppiato, come dimostrano i dati dell'OCSE e dell'Agenzia Internazionale dell'Energia. Le istituzioni definiscono i sussidi controproducenti e sottolineano il loro impatto sul cambiamento climatico.

I dati mostrano che i Paesi non solo stanno lottando per eliminare i sussidi ai combustibili fossili come promesso, ma alcune grandi economie hanno addirittura aumentato in modo significativo il loro sostegno a carbone, petrolio e gas naturale.

Entro il 2021, il sostegno pubblico totale ai combustibili fossili nei 51 Paesi presi in esame era quasi raddoppiato, passando da 362,4 miliardi di dollari nel 2020 a 697,2 miliardi di dollari nel 2021. L'OCSE e l'Agenzia Internazionale dell'Energia (AIE) prevedono che questa tendenza continuerà anche quest'anno, a causa dell'aumento dei prezzi dei combustibili e dei consumi energetici.

Controproducente

Il Segretario generale dell'OCSE Mathias Cormann riconosce che la guerra della Russia contro l'Ucraina ha portato a un forte aumento dei prezzi dell'energia e a un indebolimento della sicurezza energetica.

Ma gli aumenti dei sussidi ai combustibili fossili non
fanno altro che aumentare gli sprechi, non sempre
raggiungendo le famiglie a basso reddito", afferma.

Dobbiamo solo adottare misure che proteggano i
consumatori dagli impatti estremi dei mercati e delle
forze geopolitiche in un modo che ci porti verso la
neutralità del carbonio, la sicurezza energetica e
l'accessibilità economica".

L'aumento dei sussidi è una cattiva notizia per la lotta al
cambiamento climatico. Aumentare gli investimenti
nelle tecnologie e nelle infrastrutture per l'energia
pulita è l'unica soluzione sostenibile all'attuale crisi
energetica globale e il modo migliore per ridurre
l'esposizione dei consumatori agli alti costi del
carburante", ha dichiarato.

Dobbiamo assumerci la responsabilità!

La massiccia ondata di calore che ha devastato il Pakistan e l'India negli ultimi mesi dimostra ancora una volta quanto sia grave la crisi climatica. Il futuro si preannuncia ancora più cupo se non si limita drasticamente l'emissione di CO2. Ma chi dovrebbe assumersi le maggiori responsabilità, chiede lo scienziato ambientale Aaron Van Poecke.

14 maggio 2022, Jacobabad, Pakistan. Il termometro indica una temperatura di 51◦C. Più di un miliardo di persone in India e Pakistan avranno sofferto per più di due mesi un'ondata di caldo da record, con temperature per settimane e talvolta ben al di sopra dei 40◦C. L'India ha registrato il marzo più caldo dall'inizio delle registrazioni, con Delhi che ha registrato la sua nuova temperatura più alta di sempre a 49◦C.

Oltre alle decine o centinaia di vittime, il raccolto di grano è diminuito del 10-35% ed è stato imposto un divieto di esportazione, l'elettricità è mancata per ore in diverse regioni del Pakistan e dell'India e i bacini idrici si sono prosciugati. Un'ondata di calore che ci ha dato solo un assaggio di ciò che attende la regione nei prossimi decenni, dice la scienziata del clima Arpita Mondal dell'Indian Institute of Technology di Mumbai.
Tutto tranne che roseo
Un'ondata di calore di questo calibro un tempo era un evento raro. Comunque sia, il 2022 sarà probabilmente

uno degli anni più freschi che la regione vivrà nei prossimi decenni.

Secondo diversi studi, la probabilità di tali ondate di calore oggi è da 30 a 100 volte maggiore rispetto a prima della rivoluzione industriale. Il motivo è la crescente concentrazione di CO2 e di altri gas serra nella nostra atmosfera, causata principalmente dalla combustione di combustibili fossili. Con l'aumento di questa concentrazione, l'intensità e la frequenza delle ondate di calore continueranno ad aumentare.

Inoltre, alcune regioni dell'Asia meridionale sono particolarmente vulnerabili a causa del loro clima umido. A partire da una certa combinazione di temperatura elevata e umidità, il corpo umano non è più in grado di raffreddarsi e le conseguenze possono essere fatali nel giro di poche ore. Città come Jacobabad si sono avvicinate terribilmente a questo limite massimo durante l'ondata di calore. Tuttavia, la strada da seguire per evitare questi scenari disastrosi è nota da decenni: Le emissioni di CO2 devono essere drasticamente ridotte.

Assunzione di responsabilità
La domanda chiave rimane come percorrere questa strada e soprattutto chi la sta percorrendo. Per rispondere a questa domanda, il Nord globale è fin troppo felice di indicare aree densamente popolate come la Cina e l'India, regioni che senza dubbio dovranno fare la loro parte. Tuttavia, il cinese medio

emette meno della metà dell'americano medio,
l'indiano medio meno del 13%.

Inoltre, Jason Hickel ha calcolato che il Nord globale è
storicamente responsabile del 92% della crisi climatica,
poiché Paesi come il Nord America e la Germania hanno
sistematicamente emesso per decenni molto più di
quanto avessero "diritto" di fare pro capite. L'emisfero
meridionale ha amaramente poche responsabilità
storiche in questo senso.

"Sovrappopolazione"
"Siamo semplicemente troppi", guardando soprattutto
all'Asia meridionale e all'Africa, è un'altra comoda scusa
per non dover comunque intraprendere azioni decisive.
A parte il fatto che la crescita della popolazione è in calo
da anni e che la popolazione mondiale si sta muovendo
verso la stagnazione, questa affermazione non è solo
economica, ma anche sbagliata.

La Società 2000 Watt ha calcolato che ogni anno sono
disponibili 2000 watt di energia per ogni cittadino del
mondo, sufficienti a soddisfare tutti i bisogni senza
perdere l'attuale qualità della vita (occidentale). Per
raggiungere una società globale equa e sostenibile, è
necessario evolvere verso questa quantità. A titolo di
confronto, gli Stati Uniti sono attualmente a 12.000
watt, l'Europa occidentale a 6.000, la Cina a 1.500,
l'India a 1.000 e il Sud Africa a 500.

I ricercatori hanno poi calcolato, in occasione dell'Earth Overshoot Day, che sarebbero necessarie 5,1 terre se tutti vivessero come l'americano medio, per un europeo occidentale si aggirano intorno alle 3, la Cina si attesta su una media di 2,4 terre, l'India su 0,8 e il Pakistan solo su 0,5.

Secondo l'Istituto per la Politica Ambientale Europea, il 90% più povero della popolazione mondiale emette appena di più del 10% più ricco, e quest'ultimo gruppo è in grado di portare il mondo al di sopra dell'1,5°C di riscaldamento da solo. E, indovinate un po', questo gruppo in genere non vive nelle aree che vengono additate per la sovrappopolazione.

Paesi come l'India e il Pakistan non sono affatto all'origine della crisi climatica, ma si trovano nell'angolo in cui saranno colpiti più duramente.

Oltre alla pericolosa combinazione di ondate di calore e clima umido, la regione è soggetta, tra l'altro, a incendi boschivi e inondazioni, e praticamente nessuno è assicurato contro le conseguenze di questo clima estremo.

Infine, la rivista scientifica The Lancet riporta che il 92% dei decessi globali dovuti all'inquinamento avviene nei Paesi a basso reddito.

Testa nella sabbia
L'ultimo rapporto del Gruppo intergovernativo di

esperti sul cambiamento climatico (IPCC) ci dice che ogni volta che non prendiamo provvedimenti drastici è un'occasione persa. È ora di tirare fuori la testa dalla sabbia e realizzare il trattato di non proliferazione dei combustibili fossili, proposto da oltre 2.500 scienziati: nessuna espansione della produzione di combustibili fossili, eliminazione graduale di quelli esistenti e una trasformazione equa verso le energie rinnovabili.
Una riduzione del 10% delle emissioni di CO_2 all'anno è un inizio impegnativo ma necessario. Ognuno dovrà fare la sua parte, ma le cifre sopra riportate, sia del presente che del passato, rendono chiaro che uno può pesare un po' di più dell'altro. È ora di guardare dritto negli occhi la nostra responsabilità storica e di agire di conseguenza.

I peccati delle grandi compagnie petrolifere

Il fiume della morte

Una ricerca dell'organizzazione pacifista olandese PAX evidenzia un disastro ambientale nel nord-est della Siria. Grandi quantità di petrolio fuoriescono da grandi serbatoi di stoccaggio a Gir Zero, contaminando gravemente i terreni agricoli e le riserve idriche. Ci chiedono di lavarci le mani e di disinfettare le case, ma le nostre strade sono più pericolose del virus. Il petrolio ci fa ammalare".

In una giornata di sole di marzo, il petrolio grezzo è sgorgato in un villaggio della Siria nord-orientale. Un flusso nero come la pece si è riversato lentamente sulle strade, attraverso i campi e persino nelle case. Quando la gente del posto si è resa conto della portata del disastro, era già troppo tardi per intervenire. Per molti residenti, la fuoriuscita di petrolio dai grandi serbatoi di stoccaggio della vicina Gir Zero è uno scenario di disastro riconoscibile.

La perdita di marzo è stata causata dall'esplosione di una vecchia conduttura. Le autorità locali hanno inviato i soccorsi, ma non hanno avuto le risorse per ripulire completamente l'area.

L'organizzazione pacifista olandese PAX e il suo partner locale, PEL-Civil Waves, hanno documentato l'impatto della fuoriuscita di petrolio. Hanno intervistato le comunità che dipendono dalle risorse idriche contaminate.

Hanno utilizzato tecniche di ricerca visiva e immagini satellitari, informazioni open-source e interviste con i residenti.

Il petrolio fa ammalare le persone
Nel 2018, il petrolio ha macchiato i campi agricoli vicini. Le inondazioni hanno permesso alla sostanza di diffondersi fino a un chilometro dalle rive del fiume Wadi Rumeila. I raccolti sono falliti a causa della sostanza nera. Nella città di Tal Mashan vive l'insegnante Ibrahim, 35 anni. È uno dei residenti locali che PAX ha intervistato per il rapporto. Secondo Ibrahim, l'inquinamento è sempre stato un problema nella regione. Ma negli ultimi due anni la situazione è peggiorata a causa della cattiva gestione. Dall'inizio della guerra civile in Siria, il governo non è intervenuto per fermare l'inquinamento.

"Vorrei formare una mia famiglia, ma non ho futuro nel villaggio", dice Ibrahim, "anche se ho una casa mia qui. Ho paura che i miei figli si ammalino a causa dell'inquinamento da petrolio. Devo cercare lavoro altrove, perché non posso più contare sui proventi del raccolto. Mi sento sconvolto e valuto il mio futuro in modo negativo".

La moglie di Ibrahim ha già avuto diversi aborti spontanei. La coppia conosce anche altre donne con lo stesso problema. Sospettano un collegamento con la fuoriuscita di petrolio.

La gente del posto chiama il fiume Wadi Rumeila anche "fiume della morte". "Come la maggior parte degli abitanti del villaggio, vivo nella paura costante. Se avessi la possibilità di vivere altrove, non esiterei a lasciare questo posto immediatamente", dice Ibrahim.

Uno dei residenti chiede aiuto al governo, soprattutto in considerazione dell'attuale crisi della corona. Ci chiedono di lavarci le mani e di disinfettare le case, ma le nostre strade sono più pericolose del virus. L'olio ci sta facendo ammalare. I nostri bambini non possono uscire e non possiamo dormire a causa dell'odore del greggio", dice.

Le galline depongono uova nere
Nel 2017, nella regione erano presenti diverse raffinerie di petrolio. La popolazione locale ha protestato contro di esse e ne ha chiesto la chiusura. Secondo loro, erano pericolose per la salute e per l'ambiente. Ce ne sono ancora molte nei villaggi vicini", dice Ibrahim a proposito della situazione attuale.

Il cielo è coperto da una striscia nera lunga fino a trenta chilometri", riferisce Ibrahim. Questi pennacchi di fumo non hanno solo un impatto negativo sulla salute delle persone. Anche il bestiame risente dell'inquinamento. La lana delle pecore è nera e le galline depongono uova nere".

Nel rapporto, PAX scrive che molte analisi dei conflitti e programmi di ricostruzione non danno priorità alla pulizia delle regioni inquinate. Quando il degrado ambientale non è una conseguenza diretta del conflitto, spesso lo si vede". Eppure, nel 2017, le Nazioni Unite hanno approvato in una risoluzione che i fiumi e le risorse idriche non devono essere inquinati con sostanze nocive durante i conflitti armati e/o le azioni terroristiche.

PAX e PEL-Civil Waves formulano quindi raccomandazioni nel rapporto per affrontare l'inquinamento da petrolio. Le organizzazioni chiedono anche misure contro i rischi per la salute della popolazione colpita.

Chiedono alla comunità internazionale e alle autorità autonome della Siria nord-orientale di sostenere le comunità locali. Ad esempio, chiedono che venga fornita alla popolazione colpita una formazione sull'inquinamento dell'acqua e del suolo. Chiedono inoltre di investire nella riparazione dei serbatoi di petrolio per garantire una produzione sicura. Raccomandano inoltre una pianificazione a lungo termine per affrontare la contaminazione del suolo e delle risorse idriche.

Il grande petrolio distrugge i nostri fiumi, laghi, mari e oceani

I crostacei del Golfo del Messico crescono con gocce di petrolio nel corpo. I coyote mangiano uccelli ricoperti di petrolio. E gli squali soffocano quando il petrolio ricopre le loro branchie. Questi sono solo alcuni esempi di come il petrolio proveniente dal disastro della BP stia avvelenando la catena alimentare nel Golfo del Messico, dicono gli esperti e gli ambientalisti.

Gocce di petrolio sono state trovate sotto il guscio di giovanissimi granchi blu che entrano nelle paludi del fiume Mississippi, dice Harriet Perry, direttore del laboratorio della University of Southern Mississippi Gulf Coast. Questo potrebbe avere conseguenze drammatiche perché molti pesci e uccelli si nutrono di questo giovane granchio.

Jonathan Henderson fa notare che gli uccelli macchiati di petrolio vengono mangiati dai coyote. Questi ultimi, a loro volta, vengono consumati dagli alligatori. Henderson lavora per il Gulf Restoration Network, un'organizzazione che si dedica al ripristino delle risorse naturali della regione del Golfo. "Sapete come muoiono i pellicani a causa del petrolio?", chiede Dean Wilson, direttore di Atchafalaya Basinkeeper. "Aprono le ali e pensano di asciugarsi al sole, ma in realtà si cuociono al sole. Migliaia di uccelli muoiono in questo modo per l'avidità di una compagnia straniera". L'organizzazione di Wilson si dedica alla conservazione

degli ecosistemi del bacino di Atchafalaya, sulla costa della Louisiana.
Troppo poco

Wilson è arrabbiato perché dice che la BP sta facendo troppo poco per proteggere gli animali. Ad esempio, l'azienda non fa nulla per salvare i piccoli degli uccelli macchiati di petrolio, né permette ad altri di aiutare nei tentativi di salvataggio. "Bisogna rendersi conto che in queste zone ci vogliono due genitori per crescere i piccoli. Se un genitore finisce nel petrolio e l'altro non riesce a crescere i piccoli da solo, questi muoiono".

Secondo Wilson, sono morti almeno tanti piccoli quanti pellicani sono stati salvati, e il numero dei salvati è "solo la punta dell'iceberg".

Secondo il governo degli Stati Uniti, fino al 14 luglio sono stati trovati quasi 3.000 uccelli lungo la costa del Golfo, di cui 1.800 morti e gli altri ricoperti di petrolio, e più di 500 tartarughe marine e altri mammiferi morti.

Wilson è anche preoccupato per i microrganismi che ingeriscono il petrolio, soprattutto alle maggiori profondità del Golfo, dove la BP ha fatto affondare il petrolio con l'uso di sostanze chimiche. "Grandi popolazioni di balene e squali balena migrano proprio dove c'è il petrolio. Abbiamo già visto che gli squali non evitano il petrolio. Abbiamo già visto banchi di centinaia di squali balena migrare proprio nel Golfo del Messico.

27

Aprono la bocca per filtrare il plancton, le branchie si contaminano di petrolio e soffocano".

Problemi di olio a Gibilterra

Gibilterra è da anni sinonimo di rifornimento economico per le navi internazionali. Mentre nei porti spagnoli le navi si riforniscono a terra, a Gibilterra possono risparmiare tempo utilizzando pompe di carburante galleggianti. In questo modo, Gibilterra mira ad avere un prezzo sul mercato e a imporre tasse più basse sul carburante. Di conseguenza, negli ultimi anni la "Rocca" è diventata un'attrazione per le petroliere.

Tuttavia, questo metodo - il "bunkeraggio" nel gergo - presenta anche dei rischi. Alla fine del 2010, una delle pompe mobili è andata alla deriva a causa di una tempesta. In men che non si dica, si è evitato che migliaia di litri di petrolio finissero in mare. Gibilterra di solito minimizza tali eventi; gli incidenti più piccoli non vengono nemmeno segnalati. Nel giugno 2010, il governo regionale dell'Andalusia ha pubblicato un rapporto che dimostra che Gibilterra consente l'accesso a navi che non soddisfano gli standard di sicurezza internazionali.

I gruppi ambientalisti sono tutt'altro che soddisfatti della situazione. Quest'area ospita un gran numero di delfini, balene e uccelli marini", ha dichiarato Janet Howitt dell'Environmental Safety Group di Gibilterra. Ma la posta in gioco economica è troppo alta per fermare il bunkeraggio". Poco prima della crisi bancaria, il Banco Santander ha investito in un impianto di stoccaggio del petrolio qui vicino, a San Roque. Alcune navi ignorano anche le rotte di navigazione per risparmiare tempo, attraversando l'habitat di molti animali".

Il governo spagnolo svolge un duplice ruolo nella vicenda: da un lato, vieta il bunkeraggio nei territori spagnoli; dall'altro, incoraggia l'occupazione nel settore petrolifero. Howitt: "Non dimentichiamo che nell'area più ampia, e includo anche il Marocco, c'è molta disoccupazione. Quindi i porti vicini beneficiano del proseguimento di questo processo", ha detto Howitt.

Il bunkeraggio è aumentato in modo esponenziale dal 2002. Gibilterra ha ottenuto l'indipendenza finanziaria dalla Gran Bretagna e ha dovuto trovare un modo per finanziare l'autogoverno.

Il bunkeraggio è diventato un successo e il governo sta ora studiando la possibilità di avviare lo stesso processo sul lato orientale della penisola, dove attualmente non c'è alcuna attività portuale. Con grande disappunto dei gruppi ambientalisti e dei residenti su entrambi i lati della baia.

Perdite di petrolio in Brasile
Nel corso di un'udienza, Chevron ha ammesso che la perdita di petrolio al largo delle coste brasiliane non è ancora stata tamponata.

29

Secondo Luiz Alberto Pimenta Borges, responsabile ambientale della Chevron in Brasile, ora la perdita di petrolio in mare è minore. Ma ha dovuto ammettere che il pozzo non è stato tappato. Borges ha rilasciato queste dichiarazioni durante un'udienza pubblica a Macae, in Brasile.

La perdita principale è stata tappata con il cemento. Ma la compagnia non sa immediatamente come affrontare alcune delle perdite più piccole. Secondo Chevron, altri 2.400 barili di greggio sono fuoriusciti sulla superficie dell'Oceano Atlantico da quando la perdita principale è stata tappata.

Il capo dell'agenzia ambientale brasiliana Ibama ha rivelato che Chevron potrebbe essere nuovamente multata. Il 21 novembre 2011, l'azienda era già stata multata per circa 21 milioni di euro. Il procuratore di Rio vuole inoltre che l'azienda paghi 62 milioni di euro di danni.

Il petrolio uccide di nuovo i pesci nel lago più grande del Sud America
Nel lago di Maracaibo, il più grande del Sudamerica, sono nuovamente morti pesci e granchi a causa dell'inquinamento da petrolio. I pescatori puntano il dito contro la compagnia petrolifera statale venezuelana.

Centinaia di pescatori venezuelani che lavorano nella parte meridionale del lago di Maracaibo non gettano le reti dalla scorsa settimana. Secondo loro, pesci e granchi stanno morendo in massa.

Perdite nell'oleodotto

Secondo il governo venezuelano, la fuoriuscita di petrolio è stata causata da un attacco della guerriglia colombiana contro un oleodotto all'inizio di marzo. Uno dei fiumi che sfocia nel lago, il Catatumbo, scorre per metà in territorio colombiano.

I pescatori sostengono che la causa dell'inquinamento è molto meno remota. "Viene dal lago stesso, dalle tubature della PDVSA", dice il pescatore Francisco Rivero. Petróleos de Venezuela (PDVSA) è la compagnia petrolifera statale del Venezuela.

"Le nostre barche e reti sono danneggiate dal petrolio, i pesci si allontanano", dice il pescatore Jesus Hernandez. "Abbiamo smesso di pescare e stiamo aiutando gli addetti di PDVSA a ripulire il petrolio. Ma chiediamo che il governo riconosca i danni".

Estrazione di petrolio dal 1910

Il lago di Maracaibo, di 12.800 chilometri quadrati, situato nel Venezuela occidentale, è collegato al Mar dei Caraibi. Le fuoriuscite di petrolio si verificano regolarmente. Tra l'altro, nel 2010 si è registrato un aumento significativo delle chiazze di petrolio.

Il petrolio è stato estratto in modo intensivo sul lago a partire dagli anni '10 del secolo scorso. Secondo PDVSA, il lago ha 6.000 pozzi attivi, che producono 700.000 barili di 159 litri al giorno e sono collegati da 45.000 chilometri di condutture.

Otto barili al giorno

Il Ministro dell'Energia e del Petrolio Rafael Ramírez ha riconosciuto nel 2010 che le perdite sono "un problema cronico", ma che si tratta di "piccole quantità", "non più di otto barili al giorno".

Non solo nel lago di Maracaibo la PDVSA ha problemi con i suoi oleodotti. Dall'altra parte del Paese, a febbraio, decine di migliaia di barili di petrolio sono fuoriusciti per giorni da un oleodotto della PDVSA. Tra l'altro, il fiume Guarapiche si è inquinato e mezzo milione di persone nella città di Maturín sono rimaste senza acqua potabile. PDVSA ha inviato duemila lavoratori per ripulire il petrolio.

Problemi di olio post uragano

Sulla costa meridionale di Cuba, le persone stanno ripulendo il petrolio fuoriuscito da una raffineria nell'ottobre 2012 durante il passaggio dell'uragano Sandy.

Il petrolio si trova sulla costa della baia su cui si trova la città sudorientale di Santiago de Cuba. L'olio è stato prima rimosso meccanicamente. Successivamente è stato applicato un prodotto di degradazione.

Le autorità hanno dichiarato che la prima fase è stata

completata con successo. "Per 18 giorni, a marzo e aprile, abbiamo utilizzato il bioprodotto Bioil-FC su una distanza di 6,5 chilometri sulla costa nella parte occidentale della baia. Si può già vedere a occhio nudo il miglioramento dell'ecosistema", ha dichiarato Renato Estévez del Ministero della Scienza, della Tecnologia e dell'Ambiente.

Raffineria di petrolio

La fuoriuscita di petrolio è avvenuta nell'ottobre 2012, quando l'uragano Sandy è passato sopra l'isola. Presso la raffineria di petrolio Hermanos Diaz, situata appena al largo della baia, si è rotta una diga attorno a un bacino di ossidazione.

Il petrolio ha contaminato diversi chilometri di costa, soprattutto nella parte occidentale della baia, in particolare l'insenatura di Cajuma, la più vicina alla raffineria, l'isolotto di Cayo Granma e parte della città costiera di La Socapa, all'ingresso della baia.

Entro la fine del mese, i risultati finali del prodotto di degradazione dovrebbero essere visibili, ha dichiarato Estévez. La fase successiva riguarderà la parte orientale della baia, dove l'inquinamento è meno grave.

Bioil-FC è un prodotto basato su cinque batteri marini che si nutrono di petrolio. È stato sviluppato dal Centro cubano per i bioprodotti marini e viene utilizzato dal 1992.

33

La Deepwater Horizon perde ancora petrolio
Una nuova fuoriuscita di petrolio lunga un miglio nel Golfo del Messico può essere attribuita con certezza al disastro della Deepwater Horizon del 2010. Ma non è ancora chiaro se si tratti di una nuova perdita.

La chiazza di petrolio, a circa 80 chilometri dalla costa della Louisiana, è stata scoperta dalle immagini satellitari a settembre e ora è lunga circa 5 chilometri. La Guardia Costiera statunitense ha prelevato dei campioni che sono stati analizzati in laboratorio.

Questo dimostra con certezza che la nuova chiazza di petrolio è legata alla fuoriuscita di petrolio. Il petrolio contenuto nella chiazza ha la stessa composizione di quello rilasciato nel disastro della Deepwater Horizon di due anni fa.

Collegamento non chiaro
Tuttavia, non è ancora chiaro da dove provenga esattamente il petrolio. "La fonte esatta del petrolio non è ancora chiara", ha dichiarato la Guardia Costiera statunitense in un comunicato. "Forse si tratta di olio residuo della piattaforma affondata o di relitti sul fondo del mare".

Anche la BP, la compagnia petrolifera che gestiva la piattaforma insieme alla Transocean, sospetta che il petrolio provenga dai rottami, in particolare dal lungo tubo di perforazione che collegava la piattaforma al pozzo.

Olio fresco

Ma non tutti sono così sicuri. Ian MacDonald, professore di oceanografia alla Florida State University, invita alla cautela. "Non è ancora chiaro quale sia la fonte del petrolio", ha dichiarato al quotidiano statunitense The Washington Post. "È troppo presto per escludere che si tratti di petrolio fresco proveniente dal giacimento".

La Guardia Costiera non è ancora preoccupata per il litorale, perché la probabilità che la chiazza di petrolio vi arrivi è scarsa. Se il petrolio proviene effettivamente dalla linea di perforazione, potrebbe essere di circa 1.800 barili, una frazione dei 4,9 milioni di barili rilasciati nell'ambiente durante il disastro. La BP e la Transocean hanno tempo fino a venerdì per presentare un piano di bonifica.

Gli scienziati trovano milioni di galloni di petrolio della BP "scomparso"

Una parte del greggio "scomparso" che si è riversato nel Golfo del Messico nel 2010 dopo il disastro della piattaforma Deepwater Horizon è stata ritrovata dagli scienziati sul fondo del mare. Lì, il petrolio sta formando una bomba a orologeria.

Nel 2010 si è verificata un'esplosione sulla piattaforma della compagnia petrolifera BP, che ha provocato nei mesi successivi il riversamento di 750 milioni di litri di greggio nel Golfo del Messico. Fino a poco tempo fa non era chiaro dove fosse finito tutto quel petrolio. Ora sono stati scoperti circa 23-38 milioni di litri sul fondo del mare.

Un team di scienziati della Florida State University ha rintracciato il petrolio utilizzando isotopi radioattivi. Hanno mappato la concentrazione di carbonio-14. Questa sostanza non si trova nel petrolio e quindi i fondali marini contaminati dal petrolio si distinguono immediatamente. Gli scienziati hanno pubblicato i loro risultati sulla rivista Environmental Science & Technology.

A prima vista, sembra una buona notizia che il petrolio si sia attaccato al fondo marino, a decine di miglia dalla costa e senza alcun pericolo immediato per gli stock ittici. Ma non è così, dice Jeff Chanton, professore di oceanografia alla Florida State.

Questo potrebbe causare problemi nel Golfo per gli anni a venire", afferma. I pesci ricevono l'inquinamento attraverso i vermi che vivono nei sedimenti e che vengono mangiati dai pesci. In questo modo, l'inquinamento attraversa l'intera catena alimentare".

Inoltre, il fondale marino è spesso più povero di ossigeno rispetto all'acqua marina, quindi i batteri hanno meno possibilità di scomporre le particelle di petrolio.

I pozzi di petrolio e gas del Mare del Nord perdono continuamente metano

Le perdite di metano dai pozzi sono una delle cause principali delle emissioni di questo gas serra nocivo nel Mare del Nord. Lo affermano i ricercatori tedeschi. Sia i pozzi attivi che i pozzi di petrolio e gas non più in uso perdono continuamente piccole quantità di metano.

Gli scienziati dell'Helmholtz-Zentrum für Ozeanforschung Kiel (Geomar) e dell'Università di Basilea sostengono che il problema potrebbe essere più grave di quanto si pensasse. Questo tipo di fuoriuscita viene ignorato sia dalle compagnie petrolifere sia dalle agenzie di regolamentazione, a differenza delle fuoriuscite attraverso pozzi danneggiati. Queste ultime vengono di solito riconosciute e riparate rapidamente".

Un esempio di emissioni da pozzi danneggiati è l'incidente della piattaforma di trivellazione Deepwater Horizon nel Golfo del Messico nel 2001.

I microbi

I ricercatori hanno trovato perdite di metano in pozzi abbandonati durante le spedizioni nel Mare del Nord. Il gas proveniva da bolle di gas situate a circa 1.000 metri di profondità. Durante le perforazioni per la ricerca di gas o petrolio a profondità maggiori, queste bolle venivano perforate. Normalmente queste bolle di gas non rappresentano un rischio per l'operazione di perforazione. Ma a quanto pare disturbano i sedimenti intorno al pozzo, permettendo al gas di fuoriuscire verso la superficie del mare", spiega Matthias Haeckel di Geomar.

 I dati sismici mostrano che circa un terzo dei pozzi nel Mare del Nord presenta bolle di metano danneggiate che potrebbero causare perdite di metano. Poiché ci sono più di 11.000 pozzi perforati nel Mare del Nord, ciò significa che una quantità significativa di metano potrebbe fuoriuscire", ha dichiarato Lisa Vielstädte, autrice principale dello studio.

 I ricercatori stimano che questo ammonti a 3.000-17.000 tonnellate di metano all'anno. Nell'oceano, il metano viene scomposto principalmente dai microbi, provocando un'acidificazione localizzata dell'acqua marina. Nel Mare del Nord, metà dei pozzi sono perforati in luoghi in cui l'acqua è così poco profonda che il metano dal fondo marino può raggiungere l'atmosfera.

La bonifica del petrolio ha avvelenato il Golfo 52 volte di più
Il prodotto utilizzato durante la fuoriuscita di petrolio dalla Deep Water Horizon nel Golfo del Messico ha peggiorato le cose. Secondo una nuova ricerca, le sostanze chimiche che decompongono il petrolio stanno minacciando l'ecosistema.

 I 4,9 milioni di barili di petrolio rilasciati nel Golfo del Messico nel 2010 dal disastro della Deep Water Horizon hanno scatenato un disastro ecologico. I milioni di

galloni di agenti utilizzati per ripulire il disastro
sembrano aver peggiorato le cose.

 Una ricerca condotta dal Georgia Institute of
Technology e dall'Università di Aguascalientes in
Messico ha dimostrato che la miscela di petrolio e
disperdente utilizzata ha aumentato la tossicità
dell'acqua marina fino a 52 volte.

 I risultati sono pubblicati sul prossimo numero della
rivista Environmental Pollution.

Il petrolio si disperde naturalmente?
Nei test di tossicità condotti in laboratorio, il petrolio
fuoriuscito dalla Deep Water Horizon è stato mescolato
con il Corexit, l'agente disperdente utilizzato dopo il
disastro del Golfo. L'agente fa in modo che il petrolio si
scomponga in particelle più piccole, in modo che la
natura possa decomporlo più velocemente.

 Tuttavia, i test dei ricercatori hanno dimostrato che
questa miscela era 52 volte più tossica del solo petrolio.
I
ricercatori hanno scoperto che i cogfish, piccoli
organismi multicellulari spesso utilizzati nei test per
valutare la tossicità dell'acqua di mare, sono morti in
massa. Le possibilità che le loro uova si schiudano sono
ridotte alla metà. Quest'ultimo dato è particolarmente
negativo perché i giovani cogfish sono nel menù di
gamberi, granchi e giovani pesci durante la primavera.

I ricercatori sperano che i risultati del loro studio incoraggino altri scienziati a indagare sull'uso del petrolio e dei disperdenti nelle catene alimentari marine e a ottenere una migliore gestione delle fuoriuscite di petrolio.

"Dobbiamo ancora stabilire se il beneficio di una più rapida disgregazione del petrolio sia superiore all'aumento della tossicità. Forse dovremmo lasciare che il petrolio si disperda naturalmente", ha detto il coautore Terry Snell. "Ci vorrà più tempo, ma sarà molto meno tossico per gli ecosistemi marini".

Le trivellazioni di petrolio e gas sono la causa dello scioglimento dell'Artico

L'immensa complessità del problema climatico torna alla ribalta grazie a un nuovo studio. In esso i ricercatori hanno studiato la distribuzione nell'atmosfera di particelle di fuliggine nere come la pece, che assorbono il calore. Da tempo si presumeva che queste provenissero dalle aree residenziali. La combustione incompleta di stufe e fornelli in Europa nord-occidentale, Asia e Nord America è stata la maggiore fonte di fuliggine nella regione polare. (Chimica e fisica dell'atmosfera)

Per la prima volta, i ricercatori sono riusciti a sviluppare un modello in grado di simulare correttamente il comportamento di queste particelle di fuliggine. Ciò è stato possibile combinando i dati relativi all'estrazione di petrolio e gas con nuove e più dettagliate misurazioni delle emissioni residenziali.

È stato riscontrato che la combustione del gas in eccesso rilasciato dalle trivellazioni petrolifere è responsabile di circa la metà delle particelle di fuliggine presenti nell'atmosfera. Il gas viene spesso bruciato (flaring) perché il suo trasporto è meno redditizio. La combustione incompleta di questo gas causa una grande quantità di fuliggine. Le misure intensive adottate tra il 2005 e il 2011 hanno visto una costante riduzione del flaring. Tuttavia, dopo la comparsa del fracking in Alberta, questa tendenza si è invertita (Resilience.org 03/09 Gas Flaring, The Burning Issue).

Poiché la fuliggine è nera, assorbe molto calore e quindi amplifica il riscaldamento dell'atmosfera. L'atmosfera contiene in media fino al 3% di fuliggine. Circa il 40% di questa sembra provenire dal flaring. Il resto è prodotto da trasporti, incendi, stufe e fornelli. In testa alla classifica delle emissioni di fuliggine c'è la Russia, dove la quantità di questo "black carbon" è fino a 10 volte superiore.

Insieme al fracking nordamericano e alle specifiche condizioni meteorologiche del nord del nostro pianeta, la maggior parte di questa fuliggine finisce intorno al Polo Nord. Il calore supplementare che assorbe in quel punto è ora considerato la causa principale dello scioglimento dei ghiacci artici, molto più rapido di quanto previsto. Se questo sia considerato un disastro in Russia è un'altra questione (De Morgen 15/09, La Russia invia navi da guerra nell'Artico).

E questi sono solo un paio di esempi, con oltre 280 disastri solo per le petroliere.

Il grande petrolio rovina le economie

Se vogliamo aiutare noi stessi e l'Africa, dobbiamo investire nei Paesi poveri che hanno giacimenti di petrolio. Questo è il ragionamento degli Stati Uniti e, per estensione, del G8. Tuttavia, un nuovo rapporto documenta come gli investimenti nel settore petrolifero stiano facendo aumentare il debito estero di questi Paesi.

I Paesi in via di sviluppo che raddoppiano la loro produzione di petrolio devono poi pagare in media un terzo in più del debito. Il debito estero aumenta in media del 43% del prodotto interno lordo. Queste cifre sono contenute in un nuovo rapporto di Oil Change International, Institute for Public Policy Research e Jubilee USA Network.

Con l'estrazione del petrolio, i governi dei Paesi poveri possono teoricamente aumentare le loro entrate, ma in pratica accade il contrario. Ciò è dovuto a una combinazione di fattori: in previsione dei proventi delle esportazioni, i Paesi esportatori di petrolio aumentano drasticamente la spesa. I maggiori introiti petroliferi migliorano il rating dei Paesi in via di sviluppo, consentendo loro di ottenere prestiti più economici. Il rapporto ha anche trovato prove empiriche dell'aumento del debito a causa di politiche fiscali imprudenti e delle fluttuazioni del prezzo del petrolio.

Venezuela, Indonesia, Congo, Messico ed Ecuador sono citati come esempi di Paesi esportatori di petrolio con un debito estero alle stelle.

Lo studio è particolarmente rilevante perché le nazioni industriali più ricche stanno pensando di investire pesantemente nel petrolio africano in futuro. Gli Stati Uniti stanno elaborando un piano globale per diventare meno dipendenti dal petrolio del Medio Oriente e dei Paesi OPEC. A tal fine, il governo americano sta sollecitando la Banca Mondiale ad aumentare la produzione di petrolio in Africa, Asia Centrale e America Latina.

Anche gli altri Paesi del G8 vogliono incrementare gli investimenti nel petrolio africano. L'11 giugno, durante i preparativi per il vertice della prossima settimana a Gleneagles, i ministri delle Finanze del G8 hanno chiesto di rimuovere tutti gli ostacoli agli investimenti in Africa. Almeno il 60% degli investimenti in Africa riguarda il petrolio e i minerali.

La strategia energetica del G8 è in contrasto con l'obiettivo di sviluppo dell'Africa, conclude Steve Kretzmann di Oil Change International, uno degli autori del rapporto.

L'Africa occidentale, in particolare, è ora promossa dagli Stati Uniti come area di investimento prioritaria. La Nigeria ha in programma di aumentare la produzione di petrolio del 160%. Lo studio avverte che il debito estero di Abuja potrebbe aumentare di 21 miliardi di dollari entro il 2010. Attualmente la Nigeria, il più grande produttore di petrolio in Africa, ha un debito di 30,5 miliardi di dollari. Secondo le stime della Banca Mondiale, l'80% dei proventi del petrolio va all'1% della popolazione nigeriana.

Se il G8 vuole davvero affrontare i cambiamenti climatici, il debito e la povertà, secondo il rapporto, deve guardare al filo conduttore di tutte queste storie: il petrolio.

Petrolio e sangue in Kazakistan
L'ovest del Kazakistan, ricco di petrolio, è diviso tra proteste e repressione. Quando i lavoratori in sciopero hanno dato fuoco agli uffici di una compagnia petrolifera e anche l'albero di Natale nella piazza della città ne ha risentito, la polizia ha aperto il fuoco sui manifestanti.

Dopo Cina e Russia, il Kazakistan è il Paese più grande dell'Asia e, con i suoi 16 milioni di abitanti, uno dei meno popolati al mondo. Grazie alla ricchezza di materie prime, il Paese è stato in grado di registrare solide cifre di crescita sin dalla sua indipendenza, 20 anni fa. Con la crisi e il calo dei prezzi del petrolio, le cose sono cambiate. Quando sono scoppiate le proteste, è stato soprattutto in risposta al deterioramento delle condizioni di lavoro.

L'aristocrazia tra i lavoratori

45

Bruno De Cordier, associato del Conflict Research Group dell'Università di Gand, ha vissuto in Kazakistan per diversi anni e ha scritto un libro sul Paese. Tra i lavoratori kazaki, quelli che lavorano nel settore petrolifero sono praticamente l'aristocrazia. Il petrolio è stato il motore del successo economico del Kazakistan a partire dagli anni Novanta. I lavoratori del settore petrolifero hanno beneficiato di questo boom con salari in forte aumento, ma quando la crisi globale ha colpito, sono stati anche i più colpiti".

Le proteste nel Kazakistan occidentale non sono nuove, anche se hanno ricevuto a malapena l'attenzione dei media internazionali. Già a maggio sono iniziati gli scioperi in due città petrolifere occidentali, Aqtau e Zjangi Özen".

Mentre i lavoratori comunali di queste città iniziavano i preparativi per la celebrazione dei 20 anni di indipendenza, le proteste si sono intensificate e diversi edifici e l'albero di Natale comunale sono andati in fiamme.

La polizia è intervenuta violentemente, uccidendo almeno 10 persone. Secondo altre fonti, le vittime sarebbero oltre 100.

Scioperi illegali

Tanja Niemeier si è recata in Kazakistan quest'estate con una delegazione GUE/NGL del Parlamento europeo per farsi un'idea della situazione. All'epoca, i lavoratori protestavano contro i licenziamenti e chiedevano migliori condizioni salariali".

Non solo i leader aziendali si sono rifiutati di negoziare, ma anche l'apparato statale ha condannato lo sciopero e non c'è stato alcun avvicinamento o consultazione. Di conseguenza, la protesta è diventata anche politica e molti vi hanno aderito. Al suo culmine hanno partecipato circa sedicimila persone".

I sindacati ufficiali sono una reliquia dell'era comunista e hanno stretti legami con chi è al potere. Non sostengono la protesta e ai lavoratori non è permesso di creare una propria difesa. Quindi, ufficialmente, gli scioperi sono illegali. L'avvocato assunto dai lavoratori del petrolio è stato arrestato e condannato a sei anni di carcere "per aver fomentato il conflitto sociale". Il traffico di Internet e dei telefoni cellulari nella regione è stato interrotto, la stampa è nelle mani dello Stato e i giornalisti che ne parlano vengono attaccati.

Scenario tunisino?
Il Kazakistan è governato dal presidente Nazarbayev che, con l'aiuto delle figlie, del genero e del suo entourage di oligarchi e industriali, ha mantenuto una stretta presa sul Paese per 20 anni.

Non si tratta di una protesta generale, i manifestanti si trovano a non meno di tremila chilometri dalla capitale Astana e dal centro economico Almaty. Tuttavia,

l'importanza non deve essere sottovalutata, dice Bruno
De Cordier.

Geograficamente, gli scioperi sono isolati, avvengono in
un'area remota. Ma il loro effetto psicologico non deve
essere sottovalutato.

Tali disordini non si vedevano dalla fine dell'Unione
Sovietica e sono uno schiaffo alla storia del Kazakistan
come successo economico. Dimostrano che dietro gli
alti tassi di crescita c'è un altro Kazakistan".

L'industria petrolifera venezuelana è in una spirale mortale

La corruzione nell'industria petrolifera statale
venezuelana, che ha portato dietro le sbarre ex ministri
e alti dirigenti, è l'ultima prova del fatto che il settore
sta collassando. Questa è una cattiva notizia per
l'economia venezuelana, che si basa pesantemente sul
settore petrolifero.

Secondo l'economista Luis Oliveros, la produzione di
greggio è diminuita di milioni di barili al giorno. A
dicembre, la produzione è stata di 2.894.000 barili al
giorno, rispetto ai 1.837.000 di novembre 2017.
L'economista si è basato sui dati dell'Organizzazione dei
Paesi Esportatori di Petrolio (OPEC).

Nel 2018, la produzione potrebbe diminuire di altri
250.000 barili al giorno se la tendenza attuale dovesse
continuare. Secondo Oliveros, il Venezuela, co-

fondatore dell'OPEC nel 1960 e all'epoca il più grande esportatore di greggio al mondo, sarà diventato quasi irrilevante come attore del mercato petrolifero.

Epurazione

Il Venezuela possiede il più grande giacimento di petrolio conosciuto, la cintura dell'Orinoco, con un'area di 55.000 chilometri quadrati e una stima di 1.400 miliardi di barili di greggio.

Il petrolio è praticamente l'unico prodotto di esportazione del Paese e rappresenta il 95% delle entrate in valuta estera. A metà di questo decennio, il petrolio rappresentava più del 20% del prodotto interno lordo (PIL). La maggior parte di esso è di proprietà della compagnia petrolifera statale Petroleos de Venezuela (PDVSA), che ha alcune partnership con compagnie transnazionali.

A fine novembre il presidente Nicolás Maduro ha avviato un'epurazione all'interno della PDVSA, accusata di corruzione. La nuova gestione, guidata da un generale nuovo del settore, dovrebbe aumentare la produzione di un milione di barili al giorno.

L'obiettivo immediato è quello di soddisfare la quota OPEC per il 2017-2017, fissata a 1.970.000 barili al giorno, ha dichiarato il consigliere presidenziale Alí Rodríguez.

Un'inflazione vertiginosa

Per mantenere l'attuale produzione giornaliera, per non parlare di aumentarla, è necessario iniettare nel settore una cifra compresa tra i 4 e i 5 miliardi di dollari", ha dichiarato Alberto Cisneros, CEO di Global Business Consultants. È evidente che i soldi non ci sono".

Con un'economia che funziona in modo drammatico, un'inflazione alle stelle, diversi sistemi di cambio per una valuta che si deprezza ogni giorno, carenza di cibo e medicine e un debito estero di oltre 100 miliardi di dollari, il Venezuela non ha il denaro di cui l'industria ha bisogno, dice.

Inoltre, il settore petrolifero soffre di problemi di gestione: la PDVSA ha licenziato circa 18.000 lavoratori nel 2003 a seguito di uno sciopero antigovernativo. Secondo l'ex viceministro dell'Energia Víctor Poleo (1999-2002), si trattava di circa la metà della forza lavoro dell'azienda.

La corruzione all'interno della PDVSA ha assunto un volto drammatico questo mese, quando 67 direttori e dirigenti della società sono stati mandati in prigione per reati che vanno dalla falsificazione dei dati di produzione all'appropriazione indebita e alla minaccia della sovranità del Paese.

Tra queste 67 persone ci sono due ex ministri del petrolio del presidente Nicolás Maduro, al potere dal 2013. Si tratta di Eulogio del Pino e Nelson Martínez. Entrambi sono stati anche presidenti di PDVSA e della sua filiale statunitense Citgo. Avrebbero danneggiato la società nella rinegoziazione dei debiti.

I pubblici ministeri stanno indagando anche su Rafael Ramírez, ex ministro del petrolio e presidente di PDVSA tra il 2002 e il 2014. Fino a novembre è stato ambasciatore del Venezuela presso le Nazioni Unite. Ramírez è accusato di riciclaggio di denaro attraverso la Banca Privada d'Andorra.

Nazionalizzazione

Secondo il quotidiano spagnolo El País, che afferma di essere in possesso di rapporti su cui sta lavorando il giudice andorrano Canòlic Mingorance, persone vicine a Ramírez sostengono che abbia ricevuto almeno 2 miliardi di euro in commissioni illegali tra il 1999 e il 2013.

La PDVSA, una società emersa dalla nazionalizzazione dell'industria nel 1975 e che per anni ha affermato di essere tra le prime cinque compagnie petrolifere del mondo, si nasconde attualmente sotto una nuvola nera di accuse di corruzione, incompetenza e gestione fraudolenta.

La produzione è in calo a causa della mancanza di investimenti e di manutenzione, a partire dalle strutture del lago di Maracaibo, ormai obsolete, che producono non più di 450.000 barili di petrolio al giorno", ha dichiarato Cisneros. Dal 1914 sono stati perforati più di 13.000 pozzi petroliferi e fino al XXI secolo la produzione del bacino superava il milione di barili al giorno.

I campi petroliferi relativamente nuovi a est rappresentano il resto della produzione, ma la cifra di 1,3 milioni di barili al giorno presumibilmente estratti dalla cintura dell'Orinoco, secondo del Pino, è soggetta a controllo giudiziario.

Stati Uniti e Cina

L'esperto venezuelano Francisco Monaldi, affiliato alla Rice University in Texas, USA, sostiene che le esportazioni sono già scese a meno di 1,4 milioni di barili al giorno. A novembre sono stati esportati negli Stati Uniti meno di 500.000 barili al giorno.

Per quasi un secolo, gli Stati Uniti sono stati il principale importatore di petrolio venezuelano, con 1,5 milioni di barili al giorno. Queste esportazioni sono ancora la principale fonte di reddito del Venezuela, insieme a quelle verso la Cina, che superano i 600.000 barili al giorno.

Secondo Cisneros, le raffinerie venezuelane non stanno andando molto meglio. Hanno una capacità di 1,3 milioni di barili al giorno. Per alcuni anni hanno funzionato al 90-95% della loro capacità, ma ora sono solo un terzo, il 30-35%. È persino insufficiente per soddisfare il nostro fabbisogno di carburante", afferma. Il carburante viene in parte importato.

Ci sono anche problemi di distribuzione nelle 1.650 stazioni di servizio del Paese, che conta 31 milioni di persone e 4 milioni di veicoli.

Basso prezzo del carburante
Uno dei problemi è il prezzo assurdamente basso del carburante, il più basso al mondo. Un litro di benzina costa 1 bolívar, pari a 10 centesimi di dollaro USA secondo il tasso di cambio ufficiale. Al mercato nero, invece, con 1 dollaro si possono acquistare 100.000 litri. La PDVSA perde dai 12 ai 15 miliardi di dollari all'anno vendendo mezzo milione di barili di carburante al giorno a questo basso prezzo.

C'è anche un problema di contrabbando verso la Colombia, il Brasile e i Caraibi. Il Venezuela sta cercando di arginare questo fenomeno con controlli e razionamenti, causando carenze e lunghe file alle stazioni di servizio nella regione di confine.

Quest'anno PDVSA ha pagato gli interessi scaduti sulle obbligazioni. Tuttavia, la filiale statunitense della cinese Sinopec - un partner che ha prestato più di 50 miliardi di dollari a Caracas - ha portato la compagnia petrolifera statale venezuelana davanti a un tribunale statunitense per 21,5 milioni di dollari di fatture insolute.

Sanzioni statunitensi
Le sanzioni statunitensi contro il Venezuela rendono difficile la rinegoziazione dei debiti del Paese e della PDVSA. Le sanzioni e i debiti irrisolti rendono difficile

per i partner investire in joint venture. L'industria petrolifera venezuelana è in una spirale mortale", afferma Monaldi.

Cisneros ritiene che la ripresa del settore sia possibile, con un modello organizzativo totalmente diverso, come in Argentina. 'In questo caso c'è una società di facciata, Enarsa, e una società esecutiva, YPF, che è al 51% di proprietà dello Stato e ha il 49% in circolazione sul mercato azionario'.

Per raggiungere questo obiettivo, afferma, ci sono due possibilità. Una è che l'attuale regime risponda in modo adeguato all'economia e al settore petrolifero, un'altra è che ci sia un cambio di potere politico in modo che il Paese possa tornare a beneficiare del suo capitale umano, economico e petrolifero", afferma.

Il petrolio minaccia di destabilizzare ulteriormente il Congo

Il petrolio rende poveri. Le nuove riserve petrolifere potrebbero liberare il Congo dalla sua posizione di Paese in via di sviluppo, ma d'altra parte fomentano ancora di più i disordini interni esistenti e i conflitti di confine. Un regalo avvelenato, soprattutto nelle province orientali più impoverite, dove le tensioni si sono riaccese dall'inizio di quest'anno. Senza uno Stato forte e senza aiuti internazionali, il Congo è un uccello per il gatto".

Il petrolio è apparso sul radar congolese fin dagli anni Sessanta. Dal 2000, l'interesse internazionale per il petrolio congolese ha preso slancio. Sebbene la produzione sia ancora molto lontana da quella dei Paesi OPEC africani, le esportazioni di petrolio hanno catapultato il Congo in cima alla classifica degli Stati subsahariani a più rapida crescita. Le nuove scoperte di petrolio sono una buona cosa per l'economia del Congo, ma la ricerca apre il vaso di Pandora in una regione che storicamente sembra avere un brevetto sui conflitti legati alle risorse.

Non il carbone di legna, ma il petrolio è la più grande minaccia per le foreste congolesi

Un rapporto delle Nazioni Unite di prossima pubblicazione sostiene che la produzione locale di carbone di legna ha un impatto sulla deforestazione nel bacino del Congo molto minore di quanto si pensasse. I progetti petroliferi sono una minaccia molto più grande, sostiene l'autrice Aurelie Shapiro. Parla di una "gigantesca bomba di carbonio".

I piccoli agricoltori e i produttori di carbone di legna in particolare sono ritenuti responsabili della deforestazione in corso nel bacino del Congo. Ma i piani di trivellazione per la ricerca di petrolio e gas rappresentano una minaccia ben più grave per il clima, sostiene Aurelie Shapiro, autrice principale di un rapporto dell'Organizzazione delle Nazioni Unite per l'Alimentazione e l'Agricoltura (FAO), che uscirà alla fine di quest'anno.

Il mese scorso, la Repubblica Democratica del Congo ha lanciato un'asta per 27 concessioni petrolifere e tre concessioni di gas. Molte di queste concessioni si sovrappongono a complessi di torba tropicale, uno dei più grandi serbatoi di stoccaggio di CO2 al mondo. Shapiro parla di "una gigantesca bomba di carbonio".

Compagnie petrolifere come Total, Eni, Exxon Mobil, BP, Equinor e Shell hanno già formalmente escluso di partecipare alla gara. Ma i gruppi ambientalisti temono che le compagnie più piccole, con meno controlli e regole più permissive, possano solo aumentare il rischio.

Mezzo miliardo per la protezione dell'ambiente
Secondo Shapiro, i piani sollevano anche questioni relative ai finanziamenti per il clima nella regione. L'Iniziativa per le foreste dell'Africa centrale (Cafi) fornisce a sei Paesi del bacino del Congo fondi per proteggere la foresta, raggiungere gli obiettivi di sviluppo delle Nazioni Unite e ridurre la povertà.

Sul suo sito web, il Cafi afferma che "la perdita di foreste è dovuta alla povertà, al bisogno locale di prodotti agricoli e forestali (agricoltura su piccola scala e carbone di legna), esacerbata dalla forte crescita demografica.

L'accordo tra Cafi e RDC - del valore di mezzo miliardo di dollari - vieta le trivellazioni petrolifere solo se sono "incompatibili con gli obiettivi di conservazione nelle aree protette". Non individua il valore del carbonio delle torbiere come motivo per impedire lo sviluppo.

Ipotesi

Il carbone di legna domina tradizionalmente la storia della deforestazione nella RDC perché il suo uso è onnipresente nel Paese. Secondo la Banca Mondiale, appena il 17% dei congolesi ha accesso all'elettricità, e secondo il governo solo il 9%. Città in rapida crescita come Kinshasa fanno esplodere la domanda di carbone di legna.

Tuttavia è improbabile che il carbone di legna sia la causa principale della perdita di foreste, sostiene Shapiro. Il nuovo studio della FAO, commissionato dal Cafi, analizza nel dettaglio le cause della deforestazione e del degrado forestale nel bacino del Congo tra il 2016 e il 2020.

Conflitto di confine

Nel suo ultimo rapporto sull'Africa, il think tank indipendente International Crisis Group mette in guardia da un'ulteriore destabilizzazione della regione, che rappresenta, accanto al degrado ambientale, il pericolo maggiore di un'estrazione petrolifera non regolamentata. Secondo l'esperto di Africa Kris Berwouts, ex direttore della Rete europea per l'Africa centrale (EurAc), le risorse congolesi sono state a lungo di importanza strategica. Prima erano i minerali, poi la silvicoltura, presto l'acqua. Con il petrolio e il gas, il

Paese si sta rimettendo in gioco". Gli Stati Uniti tornano a considerare il Congo una priorità".

La maggior parte dei nuovi giacimenti petroliferi, divisi tra le province del Basso Congo e del Congo Orientale, si trova lungo i confini contesi con le vicine Uganda e Angola. Confini che hanno causato tensioni nella regione per più di cento anni. Berwouts: "La battaglia per il petrolio va lontano. Durante le elezioni congolesi del 2011, era evidente che l'Angola voleva provocare un cambio di regime a Kinshasa. Non è successo. Ma mentre il Congo ha temporaneamente messo da parte le sue rivendicazioni sui territori offshore, l'Angola continua a sostenere il regime.

La recente esplosione di zelo petrolifero congolese potrebbe cambiare di nuovo le cose. Secondo il Gruppo di Crisi, il Congo deve prendere accordi chiari sui confini prima di estrarre nuovo petrolio. Senza accordi precisi, il petrolio sarà sempre un fattore di destabilizzazione", ha affermato Berwouts.

I ricercatori hanno analizzato le immagini satellitari di oltre 12.000 appezzamenti nella regione. I risultati saranno pubblicati in autunno, ma dovranno prima essere sottoposti a revisione paritaria.

Tra le altre cose, lo studio mostra che la deforestazione durante il periodo è stata molto più alta rispetto a prima del 2015, ma non è aumentata ogni anno. "Tutti dicono che la deforestazione sta esplodendo, ma noi non vediamo questo", ha detto Shapiro.

Lo studio sostiene che l'agricoltura su piccola scala rimane la causa principale della deforestazione nella regione. Individua però un significativo degrado forestale, in gran parte probabilmente causato dalla produzione di carbone di legna.

Ma i dati sono frammentari. Sebbene le immagini satellitari siano migliorate nell'identificare le piccole radure forestali, non sono in grado di determinare il motivo per cui gli alberi vengono abbattuti.

Uno studio del 2018 pubblicato su Science Advances stima che la produzione di carbone di legna sia responsabile di non più del 10% della perdita di foreste della RDC.

Sgranocchiare i bordi
Secondo Shapiro, le comunità povere non dispongono di motoseghe o macchinari pesanti, ma "la gente rosicchia i margini della foresta. Gli alberi più grandi, che immagazzinano la maggior quantità di CO_2, vengono lasciati in piedi.

Inoltre, l'impatto sulla foresta è molto più breve rispetto alle attività industriali come l'estrazione mineraria e l'agricoltura su larga scala. Le trivellazioni petrolifere, che non sono ancora iniziate nella regione, non sono state esaminate nello studio della FAO.

Le comunità locali utilizzano le cosiddette tecniche "slash-and-burn" per tagliare gli alberi vicino ai villaggi. Le coltivazioni vengono effettuate per tre o cinque anni, dopodiché il terreno viene lasciato a riposo e la vegetazione selvatica può tornare. A loro volta, gli alberi più giovani possono essere tagliati per produrre carbone.

"Il punto è che dobbiamo smettere di incolpare le persone che non hanno alternative", dice Shapiro.

Crescita economica
Il governo congolese sostiene che il Paese ha bisogno dello sfruttamento del petrolio e del gas per stimolare la crescita economica e far uscire la popolazione dalla povertà.

Le organizzazioni della società civile accolgono con favore il rinnovato dibattito sulla deforestazione nella regione. Le comunità rurali sono un bersaglio facile da incolpare", afferma Alphonse Valivambene, responsabile di una CSO nella RDC orientale. Chiede un approccio più olistico alla politica che tenga conto della povertà in cui vivono le persone.

L'ONG Rainforest Foundation ha da tempo avvertito che i modelli di finanziamento e di protezione delle foreste nel bacino del Congo si basano su "ipotesi semplicistiche".

L'enfasi sproporzionata sull'agricoltura su piccola scala, che si svolge principalmente a rotazione intorno ai villaggi, fa sì che le minacce industriali rimangano sotto gli occhi di tutti", ha dichiarato Joe Eisen, direttore esecutivo della Rainforest Foundation UK.

Da parte sua, il Cafi non vuole commentare fino alla pubblicazione ufficiale dello studio della FAO.

Bomba a orologeria
La ricerca del petrolio sta anche alimentando i disordini interni, soprattutto nella parte orientale del Paese, dove dall'inizio di quest'anno si è intensificato un radicato conflitto tra gruppi etnici. Si moltiplicano anche gli scontri tra ribelli armati, milizie ruandesi ed esercito congolese per le risorse illegali.

Da quando, lo scorso fine settimana, i ribelli del Nord Kivu hanno invaso tre villaggi al confine con l'Uganda, la situazione è diventata ancora più critica.

Nuovi pozzi di petrolio potrebbero stimolare i sentimenti separatisti delle province nei confronti del governo centrale", avverte il Gruppo di crisi. Un'industria petrolifera in piena espansione nell'Est potrebbe mettere in discussione il ruolo politicamente dominante della ricca provincia mineraria del Katanga.

Il decentramento non è ancora decollato in Congo. Nel dibattito sulla solidarietà e sull'equilibrio di potere tra province povere e ricche, la distribuzione dei proventi

del petrolio giocherà un ruolo cruciale", afferma
Berwouts.

Maledizione o benedizione?

Per trasformare la maledizione del petrolio in una
benedizione, Kinshasa, con l'aiuto dell'Unione Africana e
della Banca Mondiale, deve regolare le dispute di
confine, regolamentare il settore petrolifero e
introdurre un divieto temporaneo di esplorazione nelle
aree ad alto rischio. Se non lo farà, la battaglia per il
petrolio sconvolgerà l'intera regione e il Congo sarà un
uccello per il gatto", sostiene il Crisis Group.

Berwouts non vede vie d'uscita senza un aiuto esterno.
A livello regionale, la Conferenza internazionale per la
regione dei Grandi Laghi (CIRGL), più dell'Unione
africana, può svolgere un ruolo importante. La CIRGL è
una collaborazione tra 11 membri: Angola, Burundi,
Repubblica Centrafricana, Kenya, Repubblica
Democratica del Congo, Repubblica del Congo, Uganda,
Ruanda, Tanzania, Zambia e Sudan. Col tempo, questo
potrebbe diventare un buon strumento per gli 11
membri per risolvere i loro problemi transfrontalieri con
la consultazione piuttosto che con la violenza. Tuttavia,
la comunità internazionale deve contribuire ad
aumentare la visibilità di questa organizzazione e
aiutare a ricostruire lo Stato congolese.

Berwouts: "Il Congo è sotto forte pressione. Soprattutto
con il vortice dello scorso fine settimana nell'est del
Paese, è impensabile che il Congo sopravviva al suo

problema petrolifero senza aiuti. Il problema del petrolio, come tutte le altre forme di sfruttamento delle risorse, è un sintomo di un apparato statale marcio. La parola "cleptocrazia" è stata inventata per questo Paese per un motivo. Se l'acqua diventerà presto il bene più prezioso in una regione che geme per la siccità cronica, non sarà diverso. Finché non ci sarà uno Stato congolese responsabile, i congolesi non beneficeranno mai delle loro risorse".

Gli indios dell'Amazzonia peruviana sono stufi del petrolio

Gli indiani della foresta amazzonica del Perù stanno pensando di fare causa allo Stato peruviano e alle compagnie petrolifere straniere. Chiedono di porre fine ad anni di inquinamento nelle aree in cui vivono. Una causa in tribunale sarebbe la prima per il Perù.

Arankartuktaram! (rispettateci), è il motto degli indiani Achuar. Questo popolo indiano vive nel cuore della foresta pluviale peruviana ed ecuadoriana. Gli Achuar del bacino del fiume Corrientes, un affluente del Rio delle Amazzoni, soffrono da 30 anni per l'inquinamento causato dall'estrazione di petrolio nella loro zona. L'americana Occidental Petroleum Corporation (Oxy) ha iniziato a trivellare la regione negli anni Settanta. In seguito, anche la Petroperu del Perù ha iniziato a estrarre petrolio in questa zona e nel 1996 si è aggiunta la Pluspetrol Norte, la filiale peruviana della compagnia petrolifera argentina Pluspetrol.

"I nostri diritti vengono sistematicamente violati", denuncia Robert Guimaraes, vicepresidente dell'Aidesep, un'organizzazione ombrello degli indiani amazzonici peruviani. "Il governo non riesce a punire le aziende che inquinano i nostri fiumi e le nostre terre. Vogliamo agire contro questo". L'organizzazione annuncerà presto le azioni legali che intende intraprendere. Nel frattempo, ha anche fatto inserire la questione nell'agenda del Parlamento peruviano.

Degli 8.000 indiani Achuar che vivono in Perù, tra i 3.000 e i 4.000 soffrono direttamente per l'estrazione del petrolio, afferma Racimos de Ungurahui, un'organizzazione non governativa che si batte per gli Achuar. I problemi sono tornati a galla la scorsa settimana in occasione di una riunione di leader indiani in Perù.

Secondo l'Aidesep, il materiale incriminato non manca. A maggio, il Ministero della Salute del Perù ha pubblicato un rapporto che mostra che la grande maggioranza degli Achuar intervistati ha livelli pericolosamente alti di cadmio nel sangue. Anche i bambini hanno una quantità eccessiva di piombo nel corpo. I due metalli pesanti, presenti nelle acque reflue scaricate dalle compagnie petrolifere, possono causare gravi problemi di salute. Lo studio sugli Achuar è stato condotto su richiesta del Feconaco, una federazione di popoli indiani del bacino del fiume Corrientes.

Pluspetrol Norte, il più grande produttore di petrolio del Perù, nega ogni responsabilità. L'inquinamento da piombo nel Corrientes e nei suoi affluenti rimane al di sotto del massimo legale e non ci sono dati affidabili sull'inquinamento da cadmio nei fiumi. Pertanto, non è stato dimostrato che le attività della compagnia petrolifera siano la causa degli elevati livelli nel sangue delle persone che vivono lungo il fiume.

Ma secondo l'ONG Racimos de Ungurahui, il governo dovrebbe esaminare non solo l'acqua del fiume, ma anche i sedimenti sul fondo dei corsi d'acqua. Poiché il livello dell'acqua dei fiumi si alza e si abbassa continuamente, gran parte dei metalli pesanti presenti nelle acque fluviali precipitano presto.

Gli attivisti sostengono che anche le lagune e i laghi della zona sono inquinati. Da quell'acqua gli Achuar ricavano il pesce. E la fauna selvatica, un'altra importante fonte di cibo per gli Achuar, si allontanerebbe dalla zona a causa dell'inquinamento.

A luglio gli indios del distretto di Loreto hanno chiesto di dichiarare lo "stato di emergenza ecologica" nel bacino di Corrientes e che il governo prenda le misure necessarie per monitorare costantemente lo stato dell'ambiente. Hanno inoltre chiesto che lo Stato peruviano e la Pluspetrol Norte si impegnino a ripulire le aree degli Achuar e che incarichino le compagnie petrolifere di passare alle tecnologie più avanzate per ridurre l'inquinamento ambientale.

Il Ministro dell'Energia e delle Miniere del Perù, Juan Valdivia Romero, ha dichiarato che il suo staff sta negoziando con Pluspetrol Norte per accelerare l'implementazione di una tecnica che prevede l'iniezione di acque reflue nel sottosuolo. Questa tecnica avrebbe un impatto minimo sull'ambiente. Pluspetrol afferma di aver già perso 210.000 barili di acque reflue in questo modo. Ma Racimos de Ungurahui sostiene che è tutto troppo lento e che la compagnia prevede di trattare in questo modo solo il 15% delle sue acque reflue totali.

Roberto Ramallo, direttore generale di Pluspetrol Norte, afferma che la compagnia non vuole evitare le responsabilità per l'inquinamento del passato. Ha dichiarato che la compagnia fornisce già assistenza sanitaria gratuita a 18.000 persone nei pressi degli impianti petroliferi e costruisce o migliora le scuole per 4.000 giovani indigeni.

Il grande petrolio alimenta i conflitti

Il conflitto sul petrolio e il gas nel Mediterraneo rischia di aggravarsi

Per sfruttare i vari giacimenti di gas e petrolio all'interno della zona economica esclusiva (ZEE) intorno a Cipro, lo scorso anno si sono svolte diverse esercitazioni con i Paesi interessati, Grecia, Israele ed Egitto. Queste esercitazioni sono sempre state oscurate dalla forza militare della Turchia. Per il 2018, si teme che la Turchia agisca in modo più aggressivo e inasprisca il conflitto.

L'isola di Cipro, divisa in una parte meridionale greca e una parte settentrionale turca, ha in programma di riunirsi dal 2015. La situazione sembrava promettente, dato che i presidenti di entrambe le parti del Paese ora sostengono l'idea. L'estrazione di petrolio e gas era stata rinviata a luglio 2017 in attesa di un nuovo tentativo di riunificazione dell'isola. "In questo periodo non ci sono stati nuovi segnali di riavvicinamento da parte di nessuno dei due presidenti", ha dichiarato al giornale Steven Van Hecke, docente senior di politica comparata ed europea alla KU Leuven.

L'estrazione di gas petrolifero all'inizio sembrava dare una spinta in più verso l'unificazione, ma ora sembra che stia creando un cuneo tra Cipro greca e turca. Poiché il progetto di unificazione non è stato avviato prima delle estrazioni, questa decisione unilaterale della Cipro greca ha naturalmente causato ulteriori sospetti", spiega Van Hecke. D'altra parte, la decisione è logica da parte dei greco-ciprioti. Non possono rimanere pazienti per sempre e la situazione non deve diventare un ricatto. Inoltre, l'erario di Cipro può utilizzare il denaro extra".

Trivellazione di petrolio e gas
Tra marzo e dicembre 2017, la nave di perforazione Saipem 12000 ha condotto tre esplorazioni per conto delle società Total ed Eni nella zona economica esclusiva di Cipro.

È stata una decisione congiunta di Egitto, Cipro e Grecia. La Turchia ha reagito in modo aggressivo a questa decisione, inviando una fregata per "monitorare" la nave da trivellazione.

Erdogan non vuole perdere la sua presa su Cipro. Si rifiuta di rimandare a casa le 30.000 truppe turche presenti nel nord dell'isola e non può nemmeno lasciare che i tentativi di trivellazione vadano a vuoto", ha detto Van Hecke. Eppure è debole nei confronti della Cipro greca, che si sente rafforzata dai suoi alleati, la Grecia e, per estensione, l'Unione Europea.

Dal 2004, la Cipro divisa è membro dell'UE e la Cipro greca è riconosciuta come rappresentante dell'intera isola.

Inoltre, da qualche tempo è in cantiere anche un gasdotto. Il gasdotto partirà da Israele e attraverserà

Cipro e la Grecia per arrivare in Italia e sfruttare il giacimento di gas di Afrodite nel blocco 12 della ZEE. Il 5 dicembre, i ministri dell'Energia greco, greco-cipriota e israeliano e il delegato italiano hanno firmato un accordo per confermare i negoziati.

Cosa ci riserverà il 2018?

La Turchia ha ordinato una propria nave di perforazione, la Deapsea Metro II, che attraccherà al porto turco nel 2018. Se la Deepsea Metro II entrerà effettivamente nella ZEE cipriota con navi militari al seguito, la situazione potrebbe rapidamente riscaldarsi. Nel breve termine temo che la situazione non migliorerà", sospira Van Hecke, "ma la Turchia è debole tra i Paesi circostanti che sostengono tutti la causa greco-cipriota. Quindi sospetto che la Turchia si limiterà a semplici minacce".

Il petrolio a basso costo si fa sentire da Teheran a Caracas

Il forte calo del prezzo del petrolio dalla metà del 2014 ha avuto conseguenze di vasta portata sull'economia globale, sull'ambiente e sulla politica internazionale. Gli effetti più profondi si stanno indubbiamente verificando in alcuni Paesi esportatori di petrolio, come Venezuela, Nigeria e Iran. I problemi di bilancio che questi Paesi devono attualmente affrontare potrebbero degenerare in disordini sociali e politici. Allo stesso tempo, il petrolio a basso costo offre anche l'opportunità di rendere le economie nazionali meno dipendenti dalla volatilità dei prezzi del petrolio.

Nonostante una leggera ripresa dalla fine di gennaio, i prezzi internazionali del petrolio sono a livelli storicamente bassi. Oggi un barile di greggio del Mare del Nord, il riferimento per la maggior parte del commercio internazionale di petrolio, costa circa 55 dollari. Nel giugno dell'anno scorso era di oltre 110 dollari. In sei mesi, quindi, il prezzo del petrolio si è dimezzato.

Questo calo dei prezzi è stato una sorpresa per molti. Negli ultimi anni ci siamo abituati a prezzi del petrolio non solo molto alti, ma anche sorprendentemente stabili. Tra il 2011 e la metà del 2014, il prezzo del petrolio si è mantenuto costantemente intorno ai 110 dollari al barile. Questa stabilità era in netto contrasto con l'anno delle montagne russe del 2008, in cui il prezzo del petrolio era salito al massimo storico di 140 dollari al barile per poi crollare a 30 dollari a una velocità impressionante in pochi mesi.

È stato anche strano che i prezzi del petrolio siano scesi in un momento in cui i principali produttori di petrolio erano devastati da conflitti interni - Libia, Sudan, Iraq, Nigeria e Siria - e da sanzioni - Iran e Russia.

La produzione di petrolio libica, irachena e nigeriana ha retto bene in mezzo alle turbolenze, ma più di tre milioni di barili di petrolio sono rimasti accidentalmente fuori dal mercato a partire dal 2013. Di solito, questi conflitti politici spaventano i commercianti di petrolio e i prezzi del petrolio aumentano invece di diminuire.

Di conseguenza, circolano teorie cospiratorie di ogni tipo sulle cause del crollo dei prezzi del petrolio. Per esempio, ci sarebbe un accordo segreto tra gli Stati Uniti e l'Arabia Saudita per colpire i loro acerrimi nemici Russia e Iran, con i quali stanno già combattendo una guerra per procura in Siria. Un'altra teoria, più popolare, parla di una guerra dei prezzi tra gli sceicchi del petrolio sauditi e le società di fracking statunitensi.

Tuttavia, la spiegazione più ovvia del calo del prezzo del petrolio è la legge della domanda e dell'offerta. Il rallentamento
della crescita nella zona euro e in Cina ha causato una domanda di petrolio inferiore alle aspettative, mentre sullo sfondo i produttori di scisto in Nord America hanno aumentato la produzione anno dopo anno.

Alla fine del 2014, la produzione di petrolio degli Stati Uniti era superiore dell'80% rispetto al 2008. In questo modo, un volume aggiuntivo di 4,1 milioni di barili di petrolio è entrato nel mercato, più di quanto producono tutti i membri dell'OPEC tranne l'Arabia Saudita. Questa iniezione aggiuntiva è stata all'incirca pari alle perdite di produzione registrate altrove.

Quindi la stabilità del prezzo del petrolio dal 2011 alla metà del 2014 è stata puramente casuale, mascherando di fatto i cambiamenti tettonici sul fronte della produzione. In retrospettiva, questo periodo non è stato altro che la calma prima della tempesta.

L'OPEC tra martello e incudine

Quando i 12 membri del cartello OPEC si sono riuniti a fine novembre, hanno dovuto affrontare un doloroso dilemma. O abbassavano il tetto di produzione, ma in questo caso avrebbero effettivamente sovvenzionato i produttori di scisto statunitensi. Oppure non facevano nulla, ma i bilanci di alcuni membri del cartello sarebbero finiti (ancora di più) in rosso. Su pressione dell'Arabia Saudita, leader informale dell'OPEC, è stata scelta la seconda opzione.

 La decisione (o meglio, la non decisione) dell'OPEC ha spinto i prezzi del petrolio ancora più in basso e ha messo in luce un vecchio scisma all'interno del club petrolifero: la contrapposizione tra le cosiddette "colombe" e i "falchi".

Le colombe hanno riserve petrolifere più grandi e meno costose, popolazioni più piccole e maggiori riserve finanziarie rispetto ai falchi. L'Arabia Saudita e gli Stati del Golfo ne sono i principali esponenti. Pensano più spesso alla loro quota di mercato a lungo termine e sono in grado di resistere meglio a un periodo di prezzi bassi.

 Questo è un lusso che i falchi, compresi Iran e Venezuela, non hanno. Vogliono il prezzo del petrolio più alto possibile per massimizzare le loro entrate.

Anche se i falchi sono la maggioranza numerica, le colombe hanno le riserve più grandi e la maggiore influenza sulle decisioni.

Tra l'altro, per chi ha vissuto consapevolmente gli anni '80, l'attuale situazione dei mercati petroliferi appare come un déjà vu.

Anche allora i prezzi del petrolio crollarono a causa dell'eccesso di offerta sui mercati petroliferi. L'OPEC cercò di invertire la tendenza con quote di produzione, ma in pratica queste furono seguite solo dall'Arabia Saudita.

Dopo cinque anni consecutivi di riduzione della quota di mercato, la pazienza dell'Arabia Saudita si esaurì nel 1986. Riyadh decise allora di aprire completamente il rubinetto del petrolio, con conseguenze drastiche. Solo nel 2005 il prezzo reale del petrolio (aggiustato per l'inflazione) sarebbe tornato ai livelli precedenti al crollo del 1986.

I paesi arabi come vincitori strategici
L'esperienza degli anni '80 ha senza dubbio giocato a favore dell'Arabia Saudita nell'ultima riunione dell'OPEC di novembre. Il nuovo re saudita Salman ha già segnalato che continuerà su questa linea, anche se la politica di difesa della quota di mercato è controversa in patria. L'Arabia Saudita potrà anche avere costi di produzione più bassi e un cuscinetto sicuro di oltre 700 miliardi di petrodollari, ma anch'essa soffrirà per il calo

del prezzo del petrolio. Il regno ha bisogno di un prezzo del petrolio di 104 dollari al barile per pareggiare il bilancio. Alcuni Stati minori del Golfo stanno facendo meglio in questo senso, tra cui gli Emirati Arabi Uniti (77,30 dollari), il Qatar (60 dollari) e il Kuwait (54 dollari).

Il motivo per cui l'Arabia Saudita ha bisogno di un prezzo del petrolio così alto è che dalla Primavera araba ha aumentato tutti i tipi di spesa: quella sociale, quella militare (nel 2013, l'Arabia Saudita è balzata al quarto posto a livello globale dopo Stati Uniti, Cina e Russia) e gli aiuti esteri nella regione - compresi quelli all'Egitto di Al-Sisi, alla Giordania, al Bahrein, allo Yemen e ai gruppi di opposizione siriani.

Poche ore dopo che i generali egiziani avevano organizzato un colpo di stato al Cairo contro i Fratelli Musulmani nel 2013, ad esempio, l'Arabia Saudita e gli Emirati Arabi Uniti erano pronti con un pacchetto di aiuti da 12 miliardi di dollari, circa 10 volte superiore al sostegno degli Stati Uniti all'esercito egiziano.

Nel lungo periodo, l'Arabia Saudita e gli Stati del Golfo dovrebbero emergere come vincitori strategici dal periodo di bassi prezzi del petrolio. Grazie ai loro bassi costi di produzione, guadagneranno quote di mercato. I regimi amici di Egitto, Marocco, Tunisia e Giordania otterranno una bolletta più conveniente per il petrolio importato, mentre il rivale Iran subirà dei colpi. Infine, il gruppo terroristico Stato Islamico, che trae gran parte

delle sue entrate dal contrabbando illegale di petrolio,
vedrà diminuire i suoi introiti.

I perdenti: Venezuela, Iran e Nigeria
Il Venezuela - il Paese che secondo la BP possiede le
maggiori riserve di petrolio al mondo - è considerato il
più vulnerabile di tutti i Paesi esportatori di petrolio.
Anche prima del recente crollo del prezzo del petrolio,
si parlava di un'imminente bancarotta, come quella
subita recentemente dall'Argentina.

Poiché il Paese dipende dal petrolio per ben il 96% delle
sue esportazioni, le voci di un default si sono
intensificate nelle ultime settimane e mesi.

L'economia si è ridotta di circa il 3% nel 2014,
l'inflazione ufficiale è salita a oltre il 63% e mancano
prodotti di base come latte e carta igienica. Il governo
ha fatto intervenire l'esercito per mantenere l'ordine.
Già lo scorso anno, 43 persone sono state uccise
durante le proteste contro il presidente Maduro, che
all'inizio di gennaio ha ricominciato a bussare alla porta
della Cina per ottenere prestiti. Dal 2007, la Cina ha
prestato più di 45 miliardi di dollari a Caracas, in parte
in cambio di petrolio.

I tagli necessari al Venezuela potrebbero colpire non
solo i suoi cittadini ma anche molti Paesi caraibici, che
attualmente possono acquistare il petrolio venezuelano
attraverso crediti favorevoli nell'ambito del cosiddetto
programma PetroCaribe. Per Paesi come Guyana, Haiti,

Giamaica e Nicaragua, questi aiuti ammontano al 4% del PIL. Ma costa al governo di Caracas circa 2,3 miliardi di dollari all'anno.

L'Iran stava già lottando con gli effetti delle sanzioni economiche prima che il prezzo del petrolio iniziasse a scendere. Le esportazioni di petrolio sono scese da 2,5 milioni di barili al giorno nel 2011 a 1,1 milioni di barili alla fine del 2013. Il Paese ha bisogno di un prezzo del petrolio di 130 dollari per pagare le spese governative previste. Quasi un quarto di questa spesa, circa 84 miliardi di dollari, è stato assorbito dal sussidi energetici nazionali nel 2013.

Nessun altro Paese al mondo spende così tanto in sussidi energetici dispendiosi e inquinanti. A causa delle sanzioni, Teheran non ha accesso a circa 100 miliardi di dollari di beni congelati in conti bancari esteri, né può semplicemente andare all'estero a chiedere prestiti.

Il Presidente Rouhani tenta alcune riforme. L'anno scorso ha aumentato il prezzo della benzina del 75% e del gasolio da riscaldamento del 25%. Ma per il presidente è fondamentale che il tenore di vita migliori, una sua promessa elettorale, e che l'economia ricominci a crescere.

Se i prezzi del petrolio non saliranno presto, aumenterà la pressione per trovare una soluzione diplomatica nel terzo ciclo di negoziati sul nucleare, che si concluderà a giugno 2015. È interessante notare che all'inizio di gennaio Rouhani ha chiarito di volersi avvalere di un articolo costituzionale per decidere "questioni importanti" (leggi: il programma nucleare) tramite referendum, al di fuori del Parlamento (conservatore). Questo potrebbe indicare che vuole aggirare gli integralisti e trovare un accordo con l'Occidente.

Anche la Nigeria, dove le elezioni presidenziali previste per San Valentino sono state recentemente rinviate, è nell'occhio del ciclone. Il Paese dipende per quasi il 70% dai proventi del petrolio, che rappresenta non meno del 90% delle sue esportazioni.

Il gruppo terroristico Boko Haram sta creando scompiglio nel nord-est del Paese, dove ora controlla un'area grande quanto il Belgio. La Nigeria deve anche affrontare la corruzione diffusa e il furto di petrolio. Secondo un rapporto del think tank britannico Chatham House, ogni giorno scompaiono fino a 100.000 barili di petrolio, per un valore di miliardi di dollari all'anno. Chiaramente, chiunque diventi presidente, il rischio di una continua instabilità è alto.

Mal di testa al Cremlino
Tra tutti i Paesi non-OPEC, la Russia è probabilmente quello che ha le carte peggiori. La combinazione di sanzioni e petrolio a basso costo sta spingendo il Paese verso la recessione.

Il rublo è sceso del 40% rispetto al dollaro nel 2014 e si è verificata una diffusa fuga di capitali.

Il deprezzamento della valuta ha anche reso più costose le importazioni, particolarmente dolorose per un'economia che dipende dall'estero per quasi tutto, tranne che per le materie prime.

Di conseguenza, l'inflazione è salita al 15% a gennaio. Sembra che la Russia stia entrando in un periodo di stagflazione: un pericoloso cocktail di declino economico e aumento dei prezzi.

La Russia vive per il 50% con le entrate derivanti dal petrolio. Si stima che abbia bisogno di un prezzo del petrolio intorno ai 100 dollari per raggiungere il pareggio di bilancio. Si prevede che l'economia russa subirà una contrazione di diversi punti percentuali nel 2015.

Al contrario, negli anni della crisi economica del 2008 e del 2009, il Paese ha registrato un calo economico dell'8-10%. Pertanto, il tenore generale del Cremlino è che questa crisi probabilmente si esaurirà. I russi sono abituati alle difficoltà.

La grande domanda è se la recessione economica porterà a un allentamento o a un indurimento della politica interna ed estera della Russia.

È interessante notare che il Presidente Vladimir Putin si è recentemente lasciato sfuggire che l'Ucraina dovrebbe rimanere un'entità politica e che dovrebbe essere autorizzata a scegliere i propri partner.

Ma questo avveniva prima del massacro nella città ucraina orientale di Mariupol a fine gennaio, e spesso c'è un enorme divario tra le parole e le azioni di Putin.

Nonostante gli avvertimenti del ministro delle Finanze russo, secondo cui la spesa militare sta diventando insostenibile e deve essere ridotta, Putin sembra determinato a incrementare il bilancio della difesa nei prossimi anni.

Diversificazione

L'espansione degli effetti del calo del prezzo del petrolio su così tanti Paesi e settori dell'economia globale dimostra quanto il petrolio sia ancora importante nel mondo di oggi. Ma le esportazioni di petrolio sono più concentrate a livello globale rispetto alle importazioni.

In altre parole, i Paesi esportatori di petrolio sono molto più dipendenti dal petrolio rispetto ai Paesi importatori. Di conseguenza, i prezzi erratici del petrolio degli ultimi anni hanno spesso un effetto yo-yo sulla stabilità economica e politica interna di questi Stati petroliferi.

Oltre alle fluttuazioni dei prezzi, un'altra minaccia a lungo termine incombe su questi Paesi: l'erosione della domanda globale di petrolio. Il consumo di petrolio in Occidente ha raggiunto il picco nel 2005 e da allora è in calo a causa della maggiore efficienza e del passaggio ad

altre fonti energetiche. Ciò è in linea con il fatto che
circa il 35% di tutte le riserve di petrolio deve rimanere
nel sottosuolo per mantenere il cambiamento climatico
al di sotto del limite critico dei 2°C.

Il buon senso impone quindi agli esportatori di petrolio
di cercare di diversificare le loro economie il prima
possibile. In questo modo non solo diventeranno meno
dipendenti dai capricci dei mercati petroliferi
internazionali, ma contribuiranno anche alla lotta
contro il cambiamento climatico.

Il petrolio nel Sahara occidentale provoca tensioni
Gli attivisti contestano i piani di una società energetica
americana per la ricerca di petrolio nel conteso Sahara
occidentale. La regione fa parte del Marocco, ma le
popolazioni indigene chiedono l'indipendenza.

Rappresentanti del mondo imprenditoriale americano e
marocchino si incontreranno questa settimana a Rabat
per rafforzare i legami commerciali tra i due Paesi. In
questo modo, il governo marocchino spera di trarre
vantaggio da un accordo di libero scambio firmato con
gli americani nel 2006. Vuole incoraggiare gli
investimenti americani in Marocco, presentandosi come
una porta d'accesso ai mercati europei e africani e al
Medio Oriente.

Il Marocco vuole investire pesantemente
nell'esplorazione di petrolio e gas. Gli investitori
internazionali si sono a lungo concentrati sull'energia

solare e sui parchi eolici in Marocco, ma anche le compagnie europee e americane sono alla ricerca di concessioni per l'eventuale estrazione di petrolio. Si dice che alcune riserve di petrolio si trovino nel Sahara occidentale, dove il Marocco è visto da molti come una potenza occupante.

Illegale

La Kosmos Energy del Texas è una società che sta già cercando gas in mare aperto in tre giacimenti nel cosiddetto bacino di Agadir. Più controversi sono i piani di Kosmos per la ricerca di petrolio sulla terraferma, vicino a Cap Boujdour nel Sahara occidentale, a partire da ottobre.

Gruppi di interesse come Western Sahara Resource Watch (WSRW) contestano la legalità di una presenza straniera come quella di Kosmos. "I Saharawi, gli abitanti indigeni del Sahara occidentale, sono ai margini di questo progetto", ha dichiarato Erik Hagen, presidente di WSRW. "Vogliono che le compagnie se ne vadano. Stanno lavorando con il governo, una forza di occupazione".

Dopo che il Sahara occidentale ha ottenuto l'indipendenza dalla Spagna nel 1976, il Marocco ha conquistato l'area. Seguirono anni di conflitto armato tra il Marocco e il Fronte Polisario, sostenuto dagli algerini. L'annessione del Sahara occidentale non è riconosciuta a livello internazionale, ma è sostenuta da alcuni Paesi.

81

Diritto internazionale

Nel 2002, il Marocco ha autorizzato la società statunitense Kerr McGee e la francese Total S.A. a esplorare il Sahara occidentale alla ricerca di petrolio. Le Nazioni Unite hanno risposto riconoscendo di fatto la governance marocchina nel Sahara occidentale. L'ONU ha dichiarato che i contratti specifici non sono di per sé illegali. È solo quando ulteriori esplorazioni ed estrazioni coinvolgono gli interessi della popolazione del Sahara occidentale che violano i principi del diritto internazionale.

Da allora, sia le multinazionali del petrolio che i gruppi di difesa del Sahara occidentale hanno interpretato a loro vantaggio il parere delle Nazioni Unite, noto anche come parere Corell.

Abi Nader, del Centro marocchino-americano per il commercio e gli investimenti, afferma che l'estrazione di minerali porta benefici economici alla popolazione locale. Ad esempio, vengono creati nuovi posti di lavoro.

Anche Kosmos Energy fa riferimento al parere Corell. L'azienda sostiene che il Marocco vuole condividere equamente i proventi dell'estrazione delle risorse nel Sahara occidentale con la popolazione indigena. Tuttavia, Hagen del WSRW mette in dubbio queste intenzioni del governo marocchino. Sostiene che i Saharawi non vogliono che il governo marocchino e le multinazionali estraggano petrolio e gas nella loro regione. Questo renderebbe le attività di Kosmos illegali, secondo il parere del Corell.

WSRW non solo chiede a Kosmos di lasciare il Sahara Occidentale, ma sollecita anche la società di trivellazione statunitense Atwood Oceanics a non consegnare le attrezzature che Kosmos vuole per Cap Boujdour. Nessuna delle due società ha risposto a una richiesta di commento.

Il grande petrolio sabota il nostro futuro
Secondo gli attivisti, la paralisi del vertice sul clima di Doha è il risultato di un'efficace azione di lobbying da parte dell'industria petrolifera.

I Paesi in via di sviluppo sono arrabbiati con gli Stati Uniti e l'Unione Europea che si rifiutano di ridurre drasticamente le loro emissioni di gas serra o di accettare finanziamenti aggiuntivi. Questo rifiuto è alimentato in parte dagli interessi dell'industria dei combustibili fossili, compresi quelli dei miliardari più ricchi del mondo, i fratelli Charles e David Koch, dicono gli attivisti.

La ricchezza complessiva dei fratelli Koch è stimata in 80 miliardi di dollari. Hanno speso più di tutte le compagnie petrolifere - inclusa Exxon - in campagne contro la legislazione ambientale, finanziando la ricerca scientifica a loro favore e bloccando i sussidi per l'energia pulita, afferma l'International Forum on Globalization (IFG) in un'analisi.

"Il motivo per cui gli Stati Uniti non stanno facendo di più è che i fratelli Koch e altre parti interessate stanno cercando di minare qualsiasi politica climatica", ha dichiarato Victor Menotti, direttore dell'IFG.

Il rapporto dell'IFG, "Faces Behind a Global Crisis" (Volti dietro una crisi globale), discute, tra l'altro, i tentativi dei fratelli Koch di accelerare la costruzione di un oleodotto per il petrolio proveniente dalle sabbie bituminose canadesi. Mostra anche come l'agenzia ambientale statunitense EPA sia sotto attacco per i tentativi di regolamentare le emissioni di CO2 e imporre norme più severe all'industria. "I Koch si sono arricchiti inquinando il nostro pianeta. E ora stanno usando la loro ricchezza per manipolare le regole a loro vantaggio", si legge nel rapporto.

Frustrante
Il rapporto arriva dopo che uno studio del 2011 ha identificato 50 tra le persone più ricche del mondo che hanno un'enorme influenza sull'attuale crisi climatica. "Troppo potere è concentrato in un piccolo gruppo di persone. Il denaro deve uscire dalla politica", ha detto Menotti.

Il Presidente degli Stati Uniti Barack Obama deve abbandonare la politica di qualche anno fa e rendersi conto che c'è un potente movimento giovanile che vuole agire sul clima, afferma una delegazione di giovani statunitensi che partecipa al vertice sul clima di Doha. "Ho passato sei mesi a collaborare alla campagna elettorale di Obama. Lui sa che i giovani vogliono un'azione sul clima, ma non abbiamo ancora visto nulla", ha detto Hannah Bristol di Washington.

"Vogliamo che gli Stati Uniti vadano oltre il carbone, il petrolio e il gas. Nelle università e in altri luoghi si sta facendo di tutto per raggiungere questo obiettivo, ma non possiamo farcela da soli", afferma Ian Karra di Athens, Georgia.

Bristol si dice deluso dal fatto che, soprattutto dopo tutti i danni causati dall'uragano Sandy alla fine di ottobre, gli Stati Uniti non stiano prendendo l'iniziativa a Doha. "È incredibilmente frustrante vedere quanto poco stia accadendo qui a Doha", afferma.

Aumento della temperatura
"La carovana di Doha si è persa in una tempesta di sabbia", afferma Ronny Jumeau, ambasciatore per il cambiamento climatico delle Seychelles e rappresentante dell'Alleanza dei piccoli Stati insulari (AOSIS). "C'è troppa poca ambizione".

Per ambizione si intende la riduzione delle emissioni di gas serra rilasciate dalla combustione di combustibili fossili. Anche se i Paesi dovessero raggiungere gli obiettivi attuali, le temperature globali potrebbero aumentare da 4 a 10 gradi, secondo i dati scientifici più recenti.

Jumeau ha affermato che i Paesi insulari e quelli meno sviluppati non solo vogliono che i Paesi ricchi promettano di ridurre ulteriormente le emissioni, ma anche che tali promesse siano legalmente vincolanti. "Altrimenti, tra qualche anno, alcuni Paesi diranno che la situazione economica li costringerà a non mantenere le promesse".

Mentre i Paesi non hanno assunto nuovi impegni sulle emissioni, Germania e Gran Bretagna hanno assunto un impegno finanziario nei confronti dei Paesi in via di sviluppo. Essi riceveranno una parte dei fondi promessi per i prossimi due anni per mitigare l'impatto del cambiamento climatico.

I Paesi industriali hanno promesso di versare 100 miliardi di dollari all'anno in un fondo chiamato Green Climate Fund a questo scopo entro il 2020. Per colmare il divario fino ad allora, i Paesi in via di sviluppo hanno chiesto 60 miliardi di dollari entro il 2015. All'inizio di questa settimana, non erano disponibili fondi per il periodo 2013-2015. "Fortunatamente, ora la situazione è cambiata", afferma Jumeau.

"Gli Stati Uniti non sono obbligati a fornire ulteriori finanziamenti", ha dichiarato Jonathan Pershing, capo della delegazione statunitense. Ma il suo Paese ha intenzione di fornire assistenza, sostiene. Tre Stati

americani danneggiati dall'uragano Sandy chiedono al
governo federale 83 miliardi di dollari per riparare i
danni. Il tifone Bopha, che ha travolto le Filippine
all'inizio della settimana, è già il 16° disastro
meteorologico che ha colpito le Filippine quest'anno.
"In un contesto globale, 100 miliardi sono così tanti?",
ha detto Pershing.

**L'industria petrolifera sapeva del cambiamento
climatico da mezzo secolo**
Negli anni '60, all'industria petrolifera fu detto che le
emissioni di CO2 da combustibili fossili avrebbero
portato a "problemi ambientali globali", tra cui lo
scioglimento delle calotte glaciali e l'alterazione del
clima. Questo secondo un rapporto scientifico
dell'epoca, ora venuto alla luce.

 L'anno scorso, altri documenti avevano già rivelato che
le principali compagnie petrolifere statunitensi ed
europee erano a conoscenza del problema del clima
almeno dal 1981, ma nei decenni successivi hanno fatto
di tutto per nascondere queste conoscenze e persino
per contraddirle pubblicamente.

 Ora nuovi documenti dimostrano che l'industria sapeva
del problema anche molto prima. Già nel 1968, gli
scienziati dello Stanford Research Institute avevano
avvertito senza mezzi termini dei rischi climatici
derivanti dalle emissioni di CO2 a lungo termine.

In un rapporto all'American Petroleum Institute (API), l'associazione dell'industria petrolifera statunitense, gli scienziati prevedevano che la concentrazione di CO2 nell'atmosfera sarebbe potuta salire a 400 ppm entro il 2000 - una soglia che è già stata superata - e che tale aumento avrebbe potuto avere un'ampia gamma di effetti dannosi sul pianeta.

Il rapporto, scritto quasi mezzo secolo fa, afferma che "l'uomo è ora coinvolto in un vasto esperimento geofisico con il suo ambiente, la Terra". Il rapporto prosegue con una previsione delle conseguenze del cambiamento climatico. Entro l'anno 2000 si verificheranno quasi certamente significativi cambiamenti di temperatura (...) Se le temperature continueranno a salire in modo significativo, ci si può aspettare una serie di eventi, tra cui lo scioglimento delle calotte glaciali, l'innalzamento del livello del mare, l'acqua marina più calda e l'aumento della fotosintesi".

"Non possiamo prevedere con certezza quali saranno le conseguenze dell'inquinamento a lungo termine sul nostro ambiente, ma non c'è dubbio che i danni potenziali per il nostro ambiente potrebbero essere gravi", concludono gli scienziati.

Onere della prova

Il rapporto di Stanford è uno delle centinaia di documenti pubblicati dal Center for International Environmental Law (CIEL), uno studio legale specializzato.

Abbiamo iniziato la nostra ricerca con tre semplici domande: Cosa sapevano? Quando lo sapevano? E cosa hanno fatto al riguardo?", ha dichiarato Carroll Muffett, presidente del CIEL. Quello che abbiamo scoperto è che sapevano già molto, e lo sapevano molto prima e con più certezza di quanto avessimo capito o di quanto loro stessi ammettessero".

Quando la preoccupazione dell'opinione pubblica per l'inquinamento atmosferico cominciò a crescere, l'industria pianificò una campagna di ricerca completa e ben coordinata sull'impatto dell'inquinamento atmosferico, conclude il CIEL. Al più tardi
a metà degli anni '50, il cambiamento climatico divenne una delle aree di ricerca
più importanti. Attraverso il cosiddetto Comitato Fumo e Fumi, non solo sono stati stanziati fondi per la ricerca, ma è stato alimentato lo scetticismo tra la popolazione e le leggi ambientali sono state liquidate come affrettate, costose o inutili.

Questi documenti si aggiungono a una serie crescente di prove che dimostrano come l'industria petrolifera abbia lavorato attivamente per minare la fiducia dell'opinione pubblica nella scienza del clima e mettere in dubbio la necessità di un'azione per il clima, anche quando le sue conoscenze sono cresciute", ha dichiarato Muffett. Queste prove sono solo la punta dell'iceberg e richiedono ulteriori indagini. Le compagnie petrolifere hanno avuto una prima opportunità di riconoscere la scienza del clima e di mettere i consumatori in condizione di fare scelte informate. Ma hanno scelto un approccio diverso. Il pubblico ha il diritto di sapere perché.

Sbarazzarsi del petrolio non ancora per domani

Per contenere il riscaldamento globale, i combustibili fossili devono scomparire, a cominciare dal carbone. Il petrolio, tuttavia, continuerà a dominare per tutto il XXI secolo. Secondo Jean-Louis Nizet, segretario generale della Federazione Petrolifera Belga, le forniture in Medio Oriente rimarranno incontournabili anche nei prossimi decenni.

"Se vogliamo che la civiltà sopravviva, dobbiamo coltivare la scienza delle relazioni umane - la capacità di tutti i popoli, di tutti i tipi, di vivere insieme, nello stesso mondo in pace".
Le dichiarazioni del presidente statunitense Franklin Roosefelt (1882-1945) non hanno perso nulla della loro attualità nel XXI secolo.

La geopolitica del petrolio

Ciò che è notevole, ovviamente, è il modo in cui gli Stati Uniti hanno messo in pratica questa dichiarazione. Lo stesso Roosefelt, che visse due guerre mondiali, stipulò un patto segreto con l'Arabia Saudita, un accordo "Oil for Security", nel febbraio 1945, prima della fine della Seconda Guerra Mondiale. In esso, l'Arabia Saudita prometteva agli Stati Uniti un accesso illimitato alle sue riserve petrolifere in cambio di protezione e assistenza militare alla dinastia saudita.

Per gli Stati Uniti, la politica estera, la sicurezza energetica e la sicurezza nazionale sono sempre state intrinsecamente legate", ha dichiarato Philippe Copinschi, esperto di energia dell'Istituto Sciences Po di Parigi e consulente indipendente su Energia e Africa. Copinschi è stato uno dei relatori del Colloquio "Portare il petrolio in alto o lasciarlo nel terreno", organizzato dalla Rete belga delle risorse naturali.

Gli Stati Uniti non sono quindi interessati a estrarre il petrolio, ma preferiscono lasciarlo al libero mercato. Guardate l'Iraq: l'hanno trasformato in un supermercato del petrolio. La loro preoccupazione è piuttosto quella di controllare i flussi tra le zone di produzione e quelle di consumo per garantire le forniture. Gli Stati Uniti sono anche l'unica potenza che ha una presenza navale su scala globale, con basi in tutti gli oceani e il controllo degli stretti che sono potenziali colli di bottiglia".

Oggi gli Stati Uniti consumano un quarto del petrolio, pur rappresentando solo il 5% della popolazione mondiale. 8 americani su 10 possiedono un'automobile, mentre in Belgio sono 5,6 su 10.

Un aereo decolla con il petrolio, oppure non decolla. Quindi siamo ancora saldamente legati al petrolio. E anche se oggi il petrolio non viene quasi più utilizzato per la produzione di elettricità, per i trasporti rimane una fonte di energia indispensabile. Due terzi o tre quarti di tutto il consumo di petrolio è destinato ai trasporti e il 95% del trasporto globale è basato sul petrolio. Solo il 10% del petrolio grezzo è destinato alla produzione di plastica e di prodotti finiti di alto valore. Quindi non c'è globalizzazione senza petrolio.

Copinschi: "Per quanto riguarda i veicoli, è evidente il passaggio alle auto elettriche, ma per il trasporto marittimo e per l'aviazione il futuro è ancora lontano. Un aereo decolla con il petrolio o non decolla. E la guerra moderna non può fare a meno del petrolio. Il giorno in cui i trasporti potranno fare a meno del petrolio, il petrolio cesserà di essere una risorsa strategica. Allora diventerà una merce come il carbone, che la gente produrrà finché sarà economicamente conveniente".

Tuttavia, siamo ben lontani da questo: secondo l'Energy Outlook dell'Agenzia Internazionale dell'Energia, il petrolio rimarrà fondamentale nei prossimi decenni. Dopo il 2040, il 70% dell'energia per i trasporti proverrà ancora dal petrolio. Questo è evidente anche dai dati della BP, che sono considerati direzionali nel settore petrolifero.

Secondo l'Opec, la domanda di petrolio crescerà particolarmente nei Paesi emergenti. Nel 2014 la domanda era di 91 milioni di barili al giorno, nel 2040 si prevede che salirà a 111 milioni di barili. In Europa e negli Stati Uniti la domanda è in calo, grazie alla crescente efficienza energetica, ma allo stesso tempo gran parte della popolazione mondiale rimane oggi priva dell'energia necessaria.

Uscita dal picco del petrolio. Petrolio in abbondanza

Per il mercato petrolifero, questa crescente domanda non è nemmeno un problema perché c'è abbondanza di petrolio in offerta, come testimonia il basso prezzo del petrolio. Nell'ultimo anno e mezzo è crollato da 110 dollari al barile agli attuali 50 dollari circa. La stessa tendenza è prevista per il prossimo anno, quando il petrolio iraniano tornerà sul mercato dopo la revoca delle sanzioni.

Secondo Philippe Copinschi, la teoria del picco del petrolio è quindi oggi obsoleta. Il geologo che l'ha formulata negli anni '50 non aveva tenuto conto delle risorse petrolifere dell'Alaska e dei progressi tecnologici dell'epoca". Copinschi definisce spettacolare il progresso tecnologico nel settore petrolifero. Se prima solo il 35% del petrolio veniva portato in superficie da un giacimento, considerato facilmente estraibile e quindi economicamente conveniente, oggi questa percentuale è aumentata notevolmente. La maggior parte della crescita della produzione deriva da questo, più che dalla perforazione di nuovi giacimenti.

Un altro fattore è l'offerta di petrolio non convenzionale, proveniente da sabbie bituminose o da

giacimenti in acque profonde, che all'epoca non
avevano precedenti e non erano estraibili. Questo ha
portato anche nuovi attori sul mercato, come il Canada
e alcuni Paesi dell'America Latina con giacimenti in
acque profonde, come il Brasile e il Venezuela.

Infine, c'è il gas e il petrolio di scisto negli Stati Uniti.
Jean-Louis Nizet, segretario generale della Federazione
belga del petrolio: "Gli Stati Uniti hanno raddoppiato la
loro produzione in cinque anni e sono diventati il primo
produttore mondiale nel 2014. L'anno scorso hanno
raggiunto più barili di petrolio dell'Arabia Saudita, con
11 milioni di barili al giorno. t L'Arabia Saudita non ha
rispettato la quota e ha continuato a pompare. Questo
è "du jamais vue nel mondo del petrolio".

L'Arabia Saudita è unica
Tuttavia, anche in questo contesto di eccesso di offerta
e di shale oil statunitense, le riserve del Medio Oriente,
in particolare dell'Arabia Saudita, rimangono
fondamentali. Nizet: "Nella produzione globale di
petrolio, sono sempre in tre sulla scena: Stati Uniti,
Russia e Arabia Saudita, e di tanto in tanto le loro
posizioni cambiano. Ma l'Arabia Saudita è
particolarmente importante. La regione rappresenta
ancora il 60% delle riserve petrolifere accertate
disponibili, con la principale differenza rispetto agli altri
giacimenti: sono "flessibili". Cioè, possono adattare
rapidamente la capacità di produzione quando altri
produttori abbandonano il mercato per stabilizzarlo. È
successo nel 2011, quando la produzione di petrolio

della Libia è praticamente cessata. La Libia produceva 1,5 milioni di barili al giorno, poco meno del 2% della produzione globale. L'Arabia Saudita ha risposto immediatamente aumentando la produzione".

Allontanarsi dal petrolio, un imperativo morale
L'unica vera minaccia per l'industria petrolifera è il riscaldamento globale. Copinschi: "Bruciare petrolio riscalda inevitabilmente il clima; dobbiamo trovare urgentemente un'alternativa. L'età della pietra non si è fermata per la scarsità di pietre, ma per la scoperta di nuove tecniche". Copinschi ha anche un'altra argomentazione: "Tra qualche decennio, la gente ci darà davvero dei pazzi per aver usato una risorsa così preziosa come il petrolio solo per bruciarlo nei veicoli, invece di riservarlo alla fabbricazione di prodotti di alto valore".

Questa consapevolezza sta cominciando a farsi strada. Da anni sono in corso campagne per eliminare gradualmente i sussidi ai combustibili fossili in tutto il mondo.

Secondo gli ambientalisti, il nuovo accordo sul clima dovrebbe contribuire a definire questo aspetto. Anche alcuni Paesi hanno iniziato a farlo, approfittando del basso prezzo del petrolio.

C'è il movimento di disinvestimento, che invita le istituzioni a smettere di investire in progetti legati al petrolio, perché questo può portare a stranded asset e a una bolla di carbonio: titoli che diventano privi di valore, quando il petrolio futuro non potrà più essere bruciato, e quindi possono causare un altro crollo dei mercati finanziari.

Uscita dal carbone

In occasione dell'ultima riunione del G7 (Stati Uniti, Germania, Gran Bretagna, Francia, Italia, Giappone e Canada), tenutasi a giugno, i maggiori Paesi industrializzati si sono impegnati a eliminare definitivamente il consumo di combustibili fossili (carbone, gas e petrolio) entro la fine del secolo, iniziando con il divieto di utilizzare il carbone per la produzione di elettricità. Si tratta quindi di una trasformazione di vasta portata del settore energetico entro il 2050.

Dal 2010, 63 GW di impianti a carbone pianificati sono già stati sospesi nel G7. 124 GW di vecchi impianti hanno chiuso o chiuderanno entro il 2020.

Come per il petrolio, gli Stati Uniti sono anche un peso massimo nell'uso del carbone, con 288 GW di produzione di elettricità da carbone. Si tratta di una quantità più che doppia rispetto agli altri Paesi del G7 messi insieme. Ma allo stesso tempo stanno guidando l'iniziativa. Si sono impegnati a chiudere 84 GW entro il 2020 e a non costruirne di nuovi. Gli Stati Uniti sono anche attivi nel bloccare ulteriori finanziamenti a progetti di carbone.

Per la Germania, con l'Energiewende, si tratta di una questione difficile, ma le pesanti perdite nei nuovi impianti a carbone hanno acuito la consapevolezza che è tempo di abbandonare il carbone.

La Gran Bretagna vuole chiudere tutte le centrali a carbone entro il 2025. È quanto ha promesso il ministro del clima e dell'energia Amber Rudd. Proposte concrete in tal senso saranno presentate nella primavera del prossimo anno. Le vecchie centrali elettriche a carbone stanno rapidamente scomparendo, ma nel secondo trimestre del 2015 più del 20% dell'elettricità era ancora prodotta da impianti a carbone. Poco più del 30% dell'elettricità britannica proviene da impianti a gas. L'elettricità prodotta da fonti rinnovabili è pari al 25,3% e il nucleare al 21,5%. Anche Francia e Italia stanno adottando misure concrete.

Solo il Giappone e il Canada si distinguono per la loro forte dipendenza dal carbone. Il Giappone sta attualmente pianificando la costruzione di 48 nuove centrali a carbone, per un totale di 27 GW. Dopo il disastro nucleare di Fukushima, il Paese è tornato a dipendere dal carbone. Il Canada è pienamente impegnato nell'estrazione del petrolio delle sabbie bituminose, fortemente inquinante e con elevate emissioni di CO_2. Il Paese si è anche tirato fuori dal Protocollo di Kyoto, sostenendo che l'estrazione delle sabbie bituminose renderebbe impossibile il raggiungimento degli obiettivi.

Secondo alcuni analisti, questo impegno del G7 è troppo poco e troppo tardi. Invece della fine del secolo, sarebbe meglio spostare l'obiettivo al 2050. Inoltre, i grandi emettitori come Cina e India non sono inclusi nell'accordo.

Quando Anversa affronterà le esportazioni di petrolio "sporco"?
Ogni anno decine di migliaia di tonnellate di carburante ad alto tenore di zolfo vengono esportate dal porto di Anversa verso l'Africa. Un carburante che non rispetta gli standard europei e che ha un enorme impatto sulle persone e sull'ambiente. Le indagini condotte nelle Fiandre e ad Anversa rivelano: non lo stiamo facendo.

È iniziato con un invito da parte dell'ONG svizzera Public Eye: volevamo essere presenti allo scarico di un container nel porto di Anversa? Quel container conteneva barili pieni di "aria sporca" provenienti dal Ghana e doveva essere messo sulla ferrovia per la Svizzera.

La protesta è stata giustamente chiamata "ritorno al mittente". Dopo tutto, l'aria sporca veniva consegnata alla sede di Trafigura, un commerciante svizzero di carburanti.

Sulla base di indagini a campione in otto Paesi africani, Public Eye aveva stabilito che diversi commercianti di carburante europei trasportavano ogni anno in Africa occidentale tonnellate di gasolio con livelli di zolfo ben superiori agli standard europei. Un attacco alla salute pubblica e all'ambiente. Infatti, il diesel ad alto tenore di zolfo è associato a elevate emissioni di fuliggine e particolato.

Anversa, il mittente

Ritorno al mittente, verso la Svizzera... ma chi ha letto il rapporto un po' più attentamente ha subito notato che il container non è passato per caso da Anversa. Anversa appartiene alla cosiddetta regione ARA, che comprende i porti di Amsterdam, Rotterdam e Anversa. L'ARA sembra essere la base perfetta per la produzione e l'esportazione di gasolio di bassa qualità verso l'Africa.

Secondo Public Eye, il 50% del carburante importato in Africa occidentale proviene dalla regione dell'ARA. Inoltre, l'80% del diesel proveniente dall'ARA conterrebbe un contenuto di zolfo di gran lunga superiore agli standard europei. Mentre l'Europa ammette un contenuto di zolfo di 10 ppm (parti per milione), il carburante della cosiddetta "qualità africana" a volte contiene più di dieci volte la quantità di zolfo.

Controllo qualità e rapporti sulla sicurezza

Quindi la qualità del carburante destinato al mercato extraeuropeo non è controllata? Una telefonata al Servizio pubblico federale dell'economia rivela che manca una legislazione specifica in materia. Il Fondo per l'analisi dei prodotti petroliferi (FAPETRO) controlla annualmente tutte le pompe pubbliche e i siti di

99

stoccaggio per verificare se i prodotti immessi sul mercato belga soddisfano i criteri europei.

E questo è quasi sempre il caso", afferma la portavoce Chantal De Pauw. Infatti, durante le ispezioni, FAPETRO non fa alcuna distinzione tra i serbatoi. Né si trovano indicazioni di linee di produzione separate per il carburante all'estero". È possibile. Ma", aggiunge la stessa De Pauw, "il Belgio svolge anche un ruolo importante come Paese di transito. Questi prodotti petroliferi non sono destinati al mercato belga, quindi non c'è nemmeno una supervisione legale per loro".

È difficile stabilire se e dove venga prodotto il carburante di bassa qualità ad Anversa. Il rapporto di Public Eye cita una serie di terminali ad Anversa, da cui opererebbero commercianti svizzeri (Vesta Terminals, Sea Tank Terminal, Gunvor Petroleum, ATPC).

I proprietari dei terminali sono consapevoli di ciò che viene immagazzinato o prodotto nei loro siti? Come fornitore di servizi nell'industria petrolifera, non siamo proprietari dei prodotti contenuti nei serbatoi", afferma ad esempio Vesta Terminals. Il terminale non ha alcuna influenza, non è a conoscenza e non ha nemmeno il diritto di rifiutare le transazioni del suo cliente. Allo stesso tempo, agiamo sempre nel pieno rispetto della legislazione in materia".

Si riferisce poi ai commercianti stessi. I terminali sono comunque soggetti, uno per uno, alla normativa

SEVESO. Questa è stata sviluppata dopo un disastro industriale chimico avvenuto a Seveso, in Italia, a metà degli anni Settanta. La direttiva europea SEVESO ha lo scopo di "prevenire incidenti gravi dovuti a sostanze pericolose e di limitarne le conseguenze per l'uomo e l'ambiente".

Le aziende SEVESO - che producono, utilizzano, maneggiano o immagazzinano sostanze pericolose in quantità maggiori - sono quindi soggette a una serie di norme di sicurezza e di misure di protezione.

Anche i cosiddetti stabilimenti ad alta soglia sono soggetti a un rapporto di sicurezza minimo quinquennale. Solo: questo rapporto si concentra sulla sicurezza delle persone e dell'ambiente in casa. Non una parola sulla qualità delle sostanze prodotte e sul loro impatto, ad esempio, in Africa.

225.000 tonnellate di gasolio sporco
Non c'è quindi alcun controllo di qualità su ciò che "esce". Tuttavia, gli esportatori devono dichiarare alla dogana la natura delle loro merci esportate. Ciò avviene sulla base dei codici internazionali HS (Harmonized System Codes), una combinazione di otto cifre che descrivono accuratamente la composizione del bene e indicano anche il contenuto di zolfo.

I dati doganali alimentano le statistiche sulle esportazioni della Banca Nazionale Belga. Queste mostrano che negli ultimi anni le Fiandre hanno esportato in Africa occidentale molte tonnellate di gasolio con un contenuto di zolfo superiore a quello consentito in Europa.

Il maggiore acquirente è il Togo, con il suo porto di Lomé che, secondo Public Eye, funge da hub di transito. Grandi petroliere arrivano nelle acque al largo di Lomé. Il loro carico viene trasbordato su navi più piccole e poi parte per l'entroterra africano.

Lo scorso anno (2015) sono state registrate oltre 225.000 tonnellate. Solo i Paesi Bassi hanno fatto meglio. Questi ultimi hanno ricevuto 305. 798 tonnellate di gasolio "sporco" l'anno scorso. È vero che in Europa il carburante può essere utilizzato come fonte di calore in modo del tutto legale. Ma questo argomento sembra un po' troppo leggero per spiegare l'alto numero di esportazioni. Un altro fatto è che alcune raffinerie di petrolio nei tre porti dell'ARA lavorano insieme, il che significa che le navi che trasportano prodotti petroliferi fanno continuamente la spola tra le Fiandre e i Paesi Bassi.

Amsterdam in azione

Il rapporto di Public Eye è stato un motivo sufficiente perché il Consiglio comunale di Amsterdam, proprietario dell'Autorità portuale di Amsterdam, si occupasse della questione. Giovedì scorso, 37 dei 45 membri del consiglio comunale hanno votato a favore di una mozione per vietare la produzione di combustibili tossici. Ciò avverrebbe attraverso un patto con accordi vincolanti tra l'Autorità Portuale e le aziende.

L'assessore di Amsterdam Kajsa Ollongren ha sottolineato che non può promettere che un simile patto si realizzi. Non posso far rispettare questo tipo di divieto", ha dichiarato a Het Parool. Non esistono strumenti legali per fermare il diesel ad alto contenuto di zolfo. Ollongren sembra aspettarsi di più dalla cooperazione con altri porti, in particolare Rotterdam e Anversa.

Allo stesso tempo, Amsterdam ha chiesto a Lilianne Ploumen, ministro olandese della Cooperazione allo sviluppo e del Commercio estero, di sollevare la questione del trasporto di combustibili tossici a livello internazionale.

Lunedì scorso la Ploumen ha compiuto un primo passo in questa direzione. Insieme alla collega nigeriana Amina Mohammed (ministro dell'Ambiente, già inviata speciale delle Nazioni Unite per gli Obiettivi di sviluppo sostenibile), ha organizzato una tavola rotonda. Gli attori della società civile, le organizzazioni internazionali e i governi si sono accordati per affrontare l'inquinamento atmosferico causato dal diesel sporco in Africa occidentale.

Secondo Ploumen, le normative europee non portano a una soluzione perché il commercio di gasolio sporco non è vietato a livello internazionale. Pertanto, secondo la ministra, i Paesi in via di sviluppo devono stabilire le proprie regole per tenere lontani i carburanti sporchi. Tuttavia, il ministro olandese si aspetta che le aziende "avviino discussioni con i loro colleghi e con i governi locali per lavorare insieme su carburanti più puliti e normative migliori".

L'argomentazione di Ploumen secondo cui anche i Paesi africani sono responsabili ha senso. Emerge anche nella difesa dei commercianti di carburante. Questi non negano l'esistenza di flussi di gasolio ad alto tenore di zolfo verso l'Africa. Vitol, ad esempio, uno dei "principali imputati" svizzeri e attivo nel porto di Anversa, ha rivelato che la fornitura di gasolio in Africa è un'attività altamente competitiva.

"Vince l'offerente più economico. Ma nel farlo, Vitol agisce sempre in linea con le specifiche del mercato di riferimento". Leggi: non facciamo nulla di illegale. In effetti, l'esportazione di gasolio ad alto tenore di zolfo non è illegale, a patto che i Paesi interessati non fissino standard più elevati.

Ma dopo il rapporto di Public Eye, non sono rimasti inattivi nemmeno in Africa. Lunedì scorso, il Programma delle Nazioni Unite per l'Ambiente (UNEP) ha annunciato che Nigeria, Benin, Togo, Ghana e Costa d'Avorio smetteranno di importare gasolio europeo con un contenuto eccessivo di zolfo. Oggi facciamo un enorme passo avanti", ha dichiarato il ministro dell'Ambiente nigeriano Amina Mohammed. Stiamo abbassando il limite del contenuto di zolfo da 3.000 ppm a 50 ppm. Questo comporterà un grande miglioramento della qualità dell'aria nelle nostre città e ci permetterà di stabilire standard moderni per la nostra flotta di veicoli".

Le Fiandre non sono a bordo

Mentre ad Amsterdam, L'Aia e in Africa le marionette ballavano, ad Anversa e nelle Fiandre la situazione è rimasta straordinariamente tranquilla. Telefonando all'Autorità portuale, all'assessore del porto e al ministro-presidente fiammingo, si è appreso che nessuno sembrava essere al corrente di ciò che stava accadendo intorno a noi nelle ultime settimane. Anche se il porto di Anversa svolge un ruolo importante nell'esportazione del "diesel sporco".

Il Ministro fiammingo per la Cooperazione allo Sviluppo e il Commercio Estero Geert Bourgeois è attualmente in visita di lavoro in Texas. Abbiamo chiesto al suo gabinetto di reagire all'iniziativa del suo omologo olandese, Lilianne Ploumen, e alla responsabilità politica delle Fiandre. Ma non è stato facile rispondere a questa domanda.

Anversa non fa nulla, ma pensa che un "approccio internazionale" sia migliore

Mercoledì pomeriggio, la Sp.a di Anversa ha chiesto alla città di "introdurre anche ad Anversa il divieto di Amsterdam di produrre carburanti fortemente inquinati. Solo se i porti di Anversa, Amsterdam e

Rotterdam introdurranno insieme tale divieto, si potrà fermare il commercio di questi carburanti fortemente inquinati".

In serata, anche il consigliere portuale Marc Van Peel ha risposto. Sono d'accordo con i colleghi olandesi che vogliono stabilire un patto. Nel porto di Anversa possiamo anche rendere negoziabile il fatto di sederci intorno a un tavolo con le compagnie portuali su questo tema. Ma sarebbe molto più efficace se affrontassimo la questione a livello Internazionale. Potremmo forse elaborare un'azione insieme ad Amsterdam. O optiamo per un regolamento europeo, o i Paesi africani devono prendere le giuste misure. Questa linea d'azione avrà più effetto che se i porti europei prendessero provvedimenti individuali.

Il comandante del porto aggiunge che il numero di iniziative di sostenibilità del porto oggi non si conta più sulle dita di una mano. Ma dobbiamo anche fare attenzione a mantenere le compagnie a bordo", ha aggiunto. Ecco perché un approccio internazionale al problema dei carburanti sarà più efficace di un divieto che non possiamo far rispettare legalmente ma che suona solo bene".

Un'azione internazionale sembra quindi l'unico approccio giusto, se non altro per salvaguardare gli interessi economici dei porti ARA. Si pone quindi la questione di chi dovrà intraprendere tale azione e riunire i principali attori attorno a un tavolo. I Paesi

Bassi e l'Africa hanno già preso provvedimenti. Anversa e le Fiandre sono irrimediabilmente indietro. È tempo di cambiare rotta? O la patata bollente sarà semplicemente passata di mano?

La strategia di uscita di Big Oil?

La strategia di uscita delle major del petrolio e del gas, una bomba a orologeria
Se il mondo post-fossile è inevitabile, cosa significa per i giganti del petrolio e del gas? Sono pronti per questa rivoluzione? Secondo Olivier Beys, possono seguire tre scenari, nessuno dei quali semplice o scontato.
Un'analisi.

Tom Kenis ha esaminato ad arte in MO* il passaggio dal picco del petrolio al picco della domanda di petrolio. Egli sostiene giustamente che la domanda, piuttosto che l'offerta necessariamente limitata di combustibili fossili, ci condurrà inesorabilmente verso un mondo post-fossile. Ma cosa significa questo per i giganti del petrolio e del gas e, soprattutto, sono pronti per un futuro così rivoluzionario?

Un parrocchetto nel pozzo della miniera in Belgio
Nel 2016 ha fatto scalpore l'acquisizione della società belga Lampiris da parte del gigante francese del petrolio e del gas Total. Lampiris, che si presentava come il più grande fornitore di elettricità (e gas) 100% verde, è stata accusata di aver venduto l'anima al diavolo.

Non a caso, pochi mesi dopo l'acquisizione, la società si trovava in coda alla classifica dei fornitori di energia pubblicata da Greenpeace lo scorso settembre, e logicamente ha perso un bel po' di clienti a favore di concorrenti come Eneco.

Più interessante è la questione del perché Total si stia avventurando in settori in cui ha poca o nessuna esperienza. Kenis ha già accennato al mondo completamente diverso in cui viviamo dopo la crisi finanziaria del 2008. Valori consolidati come Total stanno compiendo un (per ora lieve) cambiamento di rotta per fornire una (iniziale) risposta alle sfide del panorama energetico in rapida evoluzione.

Poiché gli investimenti nel settore energetico vengono ammortizzati nell'arco di decenni e non solo di qualche anno, una risposta adeguata a queste evoluzioni è ancora più importante. L'esempio di Total e Lampiris è solo l'illustrazione nel nostro Paese di una tendenza più ampia.

Il tempo è fondamentale
Sono numerose le ragioni per cui una revisione approfondita della strategia e persino del modello di business è all'ordine del giorno nel settore. In parte, naturalmente, si tratta della proliferazione di accordi e trattati politici internazionali, come l'Accordo sul clima di Parigi, entrato in vigore il 4 novembre 2016, o la messa al bando dei gas dannosi per il clima dagli impianti di refrigerazione, concordata a Kigali nell'ottobre 2016. Molto si sta muovendo anche a livello nazionale, come dimostra il lavoro legislativo sul divieto di utilizzare il motore a combustione interna nelle automobili entro il 2025 o il 2030 in Norvegia, Paesi Bassi, Germania e altrove.

Questa legislazione va di pari passo con l'enorme progresso tecnologico delle alternative, che vanno dalle energie rinnovabili, all'elettrificazione della mobilità e del calore, alle nuove possibilità di stoccaggio, alle innovazioni delle reti e così via. Ma almeno altrettanto importante è la consapevolezza, in rapida crescita nel settore finanziario, che il rischio di svalutazione anticipata degli investimenti in combustibili fossili è un problema importante.

Ciò significa un rischio per i rendimenti degli investitori e persino per la stabilità dell'intero sistema finanziario ed economico in cui i combustibili fossili giocano ancora un ruolo importante.

Una delle voci più autorevoli che cercano una risposta a questo rischio è il Financial Stability Board del G20. Attraverso la sua Task Force on Climate-Related Financial Disclosures, ha recentemente chiarito che i modelli di business delle aziende devono essere in linea con uno scenario di 2°C e che gli investimenti finanziari legati al clima devono essere resi noti.

Solo così è possibile effettuare una solida analisi del rischio, che costituisce la base per decisioni d'investimento solide e credibili.

Tutto ciò evoca un vero e proprio incubo per le compagnie petrolifere e del gas. Come l'ONG Oil Change International ha chiarito inequivocabilmente a settembre, le emissioni potenziali di tutti i giacimenti di petrolio, gas e carbone attualmente in uso sono sufficienti a farci superare i 2°C.

Teoricamente, in altre parole, non c'è più spazio per l'esplorazione e lo sviluppo di nuovi giacimenti, per non parlare delle sfide tecnicamente sempre più difficili e rischiose del pompaggio in acque profonde o artiche. Questo, in breve, è un nodo del problema.

Strategia con il petrolio e il gas

Come ho osservato in precedenza in The Standard, per queste aziende esistono all'incirca tre strategie per uscire dal problema.

Il primo approccio si basa sulla convinzione di alcuni operatori del settore di poter ancora bruciare le proprie riserve, a differenza dei concorrenti. Acquistano i concorrenti, tagliano i costi e si fanno avanti con gli avversari per mettere in piedi progetti enormi.

Un secondo approccio è quello inverso: uno scenario di contrazione, con la vendita di attività e la concentrazione su attività redditizie che producono dividendi sufficienti per gli azionisti - che in questo caso esercitano una pressione positiva sull'eliminazione di attività specifiche.

Un terzo approccio consiste nel passare ad attività in altri settori, in particolare la fornitura di servizi nel settore dell'energia, delle energie rinnovabili, delle reti e simili. In questo modo, entrano a far parte dei grandi produttori di energia elettrica, che a loro volta si convertono.

Si uniscono al club delle ex utility, ma ancora influenti, come la francese Engie (ex GDF-Suez), RWE ed E.ON. Hanno separato i loro prodotti e servizi lungimiranti e redditizi nel settore dell'elettricità dalla vecchia produzione di energia, inquinante e centralizzata. Si tratta di un'operazione in qualche modo analoga a quella delle banche che, all'indomani del crollo finanziario del 2008, hanno collocato i loro prestiti spazzatura in un'entità separata o "bad bank".

Total sembra puntare sulla terza opzione, grazie anche all'acquisizione di Lampiris e delle relative competenze e quote di mercato, acquistando il produttore di batterie Saft e il produttore di pannelli solari Sunpower.

Una nota importante, però: Gli investimenti di Total in questi settori rimangono un'inezia rispetto alla spesa complessiva in conto capitale, in particolare nel settore del petrolio e del gas. Quindi, fanno sul serio o stanno facendo questi investimenti solo ora che i prezzi del petrolio sono bassi (e probabilmente lo saranno ancora per un po')? Dopotutto, le avventure passate della Shell o della BP "Beyond Petroleum" invitano alla vigilanza.

Previsione

Jeremy Leggett, l'uomo dietro il produttore di impianti fotovoltaici SolarCentury e James Watson, direttore dell'organizzazione europea di lobbying SolarEurope, stanno già prendendo sul serio le iniziative di Total. La domanda è quanto Total e altri giganti del petrolio e del gas siano preparati per il futuro.

CDP rileva un netto divario transatlantico tra le aziende europee e quelle nordamericane, con Statoil, Eni e Total in pole position. Ciò è dovuto principalmente alla maggiore quota di gas tra le aziende europee e, in qualche misura, a una maggiore diversificazione delle loro attività, mentre i nordamericani sono più inclini a operare nelle sabbie bituminose e simili.

Troviamo anche differenze significative nei discorsi. Ad esempio, le aziende europee hanno firmato una lettera di protesta in seguito ai negoziati sul clima di Parigi, chiedendo un prezzo sul carbonio, ben lungi dall'essere sostenute dalle loro controparti nordamericane.

Un prezzo del carbonio gioca a favore degli europei, grazie alle loro risorse di gas a minore intensità di carbonio, il che indica che non c'è solidarietà nel settore. Ognuno pensa a se stesso, il che spiega perché alcune aziende pensano di poter superare la concorrenza.

A titolo di esempio, ciò è evidente nelle conversazioni che il corrispondente climatico Jelmer Mommers ha avuto con i dipendenti della Shell nel 2016. Essi sono quasi unanimemente convinti della superiorità della propria azienda.

Il mare è ancora profondo
Il CDP può fornire una classifica tra loro (con l'eccezione di Saudi Aramco, Rosneft e PetroChina, che non hanno risposto al CDP), ma la stessa indagine mostra che gli "investimenti a basse emissioni di carbonio" rappresentano solo l'1,5% dei 160 miliardi di dollari di investimenti totali in capitale.

In altre parole, concentrano ancora la loro strategia sull'esplorazione (e la dimostrazione) delle riserve di risorse, aspettandosi che il possesso di queste riserve comprovate aumenti il loro valore. Sbagliano. Come sottolinea anche il CDP, il picco della domanda è previsto per il prossimo decennio. Si tratta di una scadenza molto ravvicinata per effettuare il cambiamento e togliere dai bilanci le enormi riserve di combustibili fossili.

Inoltre, le società di proprietà dei governi nazionali impediscono l'accesso a risorse facilmente accessibili, il che costringe le società private internazionali a cercare in zone come l'Artico o le profondità marine.

Questi progetti non sono solo costosi, ma anche tecnicamente e logisticamente molto impegnativi e, dal punto di vista ambientale, comportano rischi irresponsabili.

CDP osserva inoltre che il management di queste aziende viene ancora premiato principalmente in base alla produzione dell'azienda. Non c'è da stupirsi se vediamo pochi cambiamenti strutturali nelle strategie a lungo termine di questi mastodonti.

In breve, questi 11 giganti del petrolio e del gas sono assolutamente impreparati ad affrontare le impetuose acque politiche, naturali e finanziarie dei prossimi decenni.

Il fatto che le 11 aziende intervistate siano tra le più grandi di un settore responsabile del 50% delle emissioni globali di CO2 dovrebbe far scattare un campanello d'allarme anche in voi e in me. Se in qualche modo riusciranno a continuare a sfruttare i combustibili fossili, il clima è condannato.

D'altra parte, un crollo incontrollato di questo settore potrebbe scuotere intere industrie, economie, Paesi e regioni e rappresentare un vero e proprio pericolo per la pace nel mondo.

È la politica, stupido

A maggior ragione, quindi, è necessario spingere per una rendicontazione completa e trasparente dei portafogli di investimento delle banche e degli investitori istituzionali, come i fondi pensione, i gestori patrimoniali e le assicurazioni, e chiedere che le aziende adottino ambizioni climatiche in linea con l'intervallo 1,5°-2°C.

Si tratta di un ambito in cui la società, i cittadini e la politica svolgono un ruolo decisivo. Quindi non siamo affatto impotenti di fronte a questi giganti. Soprattutto, dobbiamo volerlo e farlo valere pubblicamente e nell'arena politica.

Un'agenda controproducente per ottenere profitti duraturi

Un miliardo di dollari. Questo è il budget totale speso dalle cinque maggiori compagnie petrolifere e del gas dopo l'accordo sul clima di Parigi in campagne di lobbying per ritardare le politiche climatiche e in campagne pubblicitarie per dare loro un'immagine verde. Dopo la prima audizione sull'inganno climatico al Parlamento europeo, i parlamentari chiedono che alla ExxonMobil sia negato l'accesso alle istituzioni europee.

ExxonMobil, Shell, Chevron, BP e Total hanno speso insieme 195 milioni di dollari all'anno dal 2015 in campagne pubblicitarie per dare un'immagine verde, spendendo contemporaneamente 200 milioni di dollari all'anno in attività di lobbying politico per controllare, ritardare o bloccare le misure sul clima.

I dati sono stati raccolti da InfluenceMap, un think tank con sede a Londra.

Il rapporto pubblicato venerdì mostra, tra l'altro, che la BP ha donato 13 milioni di dollari a una campagna che ha impedito con successo l'introduzione di una carbon tax nello Stato di Washington. Ognuna delle cinque aziende citate, tra l'altro, è membro dell'American Petroleum Institute, che l'anno scorso è riuscito a deregolamentare la produzione di petrolio e gas negli Stati Uniti e a ridurre le restrizioni sulle emissioni di gas metano.

"Tutto questo mentre le grandi compagnie petrolifere stanno appena emergendo come i partner più importanti nella transizione energetica", affermano gli autori del rapporto.

Audizione della ExxonMobil
La pubblicazione del rapporto è avvenuta un giorno dopo la prima audizione al Parlamento europeo in cui un gigante del petrolio ha dovuto rispondere di inganno climatico. La multinazionale ExxonMobil avrebbe saputo già nel 1977 che le emissioni di CO2 portano al cambiamento climatico. Per aver nascosto e negato queste informazioni, sono già in corso cause legali contro l'azienda in Massachusetts, nello Stato di New York e a Washington.

All'audizione del Parlamento europeo, Geoffrey Supran, ricercatore del MIT e di Harvard, ha presentato i risultati di uno studio che ha esaminato 200 documenti interni della ExxonMobil. L'80% di questi documenti confermava le conclusioni allarmanti degli scienziati del clima. Circa la stessa percentuale di tutti gli articoli e le rubriche pubblicati dalla ExxonMobil nello stesso periodo metteva in dubbio tutto ciò.

"Ammettiamolo: la scienza del cambiamento climatico è troppo incerta", ha scritto l'azienda sul New York Times nel 1997. Nel 2000 ha ribadito che "è impossibile per gli scienziati attribuire il recente aumento della temperatura a cause umane".

"È convinzione della stragrande maggioranza degli esperti di combustibili fossili che le aziende, tra cui la ExxonMobil, abbiano diffuso disinformazione per fuorviare l'opinione pubblica e i politici e bloccare l'azione", ha dichiarato Geoffrey Supran al termine della sua presentazione. "Purtroppo, ci sono in gran parte riuscite".

Contributo all'economia europea
La stessa ExxonMobil non si è presentata all'udienza. In una lettera trapelata all'IPS, Nicolaas Baeckelmans, vicepresidente della società per gli Affari europei, ha chiesto ai parlamentari organizzatori di prestare attenzione al "nostro sostanziale contributo all'economia europea, 14.000 dipendenti in 16 Paesi

dell'UE e 10 miliardi di investimenti tra il 2013 e il 2017".

Fa inoltre riferimento a uno studio scientifico, commissionato e pagato dalla ExxonMobil nel 2018, che smentisce il lavoro di Geoffrey Supran.

L'assenza della ExxonMobil non è stata ben accolta, data la gravità dell'accusa. Molly Scott Cato, europarlamentare dei Verdi, ha presentato una proposta per impedire d'ora in poi l'accesso dei lobbisti della ExxonMobil al Parlamento europeo.

Se la proposta sarà approvata entro la fine di aprile, la ExxonMobil sarà la seconda multinazionale a cui è capitato questo. La prima è stata la Monsanto. Un anno e mezzo fa l'azienda si rifiutò di presentarsi a un'udienza sulle interferenze non autorizzate negli studi sul glifosato contenuto nel diserbante RoundUp.

Lobbisti a Bruxelles
La proposta di Cato è una mossa preziosa per gli attivisti del clima. Appena due giorni prima dell'udienza, l'ONG Corporate Europe Observatory, con sede a Bruxelles, ha annunciato che dal 2010 la ExxonMobil ha speso 35 milioni di euro in campagne di lobbying per influenzare i politici europei.

L'azienda impiega direttamente 12 lobbisti a Bruxelles e fa anche parte di quattro think tank e sei gruppi di interesse che insieme impiegano 170 lobbisti.

Lobbisti e dirigenti sono in contatto diretto con i commissari dell'UE e occupano posizioni chiave nei gruppi di esperti e nei consigli consultivi dell'UE.

"È chiaro a tutti che la ExxonMobil e gli altri giganti del petrolio stanno facendo il possibile per non mettere a rischio il loro modello di reddito", ha dichiarato Pascoe Sabido, ricercatore di Corporate Observatory Europe.

"Se i loro interessi sono davvero così contrari a ciò che è necessario per combattere il riscaldamento globale, allora non abbiamo altra scelta che negare loro il diritto di avere voce in capitolo sulle soluzioni. Dobbiamo proteggere i politici dalla loro influenza".

Sabido paragona la situazione alla lotta contro l'industria del tabacco di 20 anni fa. Una delle misure più decisive in questa lotta è stato l'articolo della Convenzione delle Nazioni Unite sul controllo del tabacco che "esenta la politica sanitaria dagli interessi commerciali e da altri interessi acquisiti".

Sabido: "Questo è anche ciò che è necessario in questa discussione: erigere un muro tra i politici e l'industria del tabacco, in modo da poter ottenere ciò che dobbiamo ottenere".

La ExxonMobil nega formalmente tutte le accuse mosse al Parlamento europeo giovedì scorso.

Le principali banche europee investono massicciamente in nuove esplorazioni di petrolio e gas

Grandi banche come HSBC, Barclays e BNP Paribas continuano a investire pesantemente in aziende che espandono la loro produzione di petrolio e gas. In questo modo, secondo gli attivisti, stanno andando contro la scienza del clima.

Per limitare il riscaldamento globale a 1,5 gradi, non sono più consentiti investimenti in nuovi giacimenti di petrolio e gas. Lo ha annunciato l'anno scorso l'Agenzia Internazionale dell'Energia (AIE), l'istituzione energetica più influente al mondo.

Ma i nuovi dati di ShareAction mostrano che questo messaggio non è ancora stato recepito da molte delle principali banche europee. L'ONG britannica ha esaminato i finanziamenti concessi da 25 delle maggiori banche europee a 50 società con importanti piani di espansione nel settore del petrolio e del gas, tra cui Exxon Mobil, Saudi Aramco, Shell e BP.

Il rapporto mostra che le banche hanno fornito più di 400 miliardi di dollari di finanziamenti a queste aziende dal 2016. La banca britannica HSBC guida la lista con 59 miliardi di dollari, seguita da Barclays (48 miliardi di dollari) e BNP Paribas (46 miliardi di dollari).

Alleanza Nettonul

Da notare: 24 banche fanno parte della cosiddetta Net Zero Banking Alliance delle Nazioni Unite. I suoi membri si impegnano a portare i loro finanziamenti in linea con le emissioni nette entro il 2050. Ma da quando l'alleanza è stata costituita lo scorso aprile, le 24 banche hanno collettivamente fornito 33 miliardi di dollari alle aziende che stanno espandendo la loro produzione di petrolio e gas.

In effetti, più della metà di questo importo proviene da quattro membri che hanno co-fondato la coalizione: HSBC, Barclays, BNP Paribas e Deutsche Bank.

Tuttavia, ci sono anche esempi che dimostrano che le cose possono essere fatte in modo diverso, afferma ShareAction. Commerzbank, Crédit Mutuel e La Banque Postale hanno limitato i finanziamenti alle aziende che stanno espandendo la produzione di petrolio e gas. Nel caso di Commerzbank, però, questo vale solo per i nuovi clienti.

La Banque Postale francese ha creato un importante precedente lo scorso ottobre, annunciando che uscirà completamente dal settore del petrolio e del gas entro il 2030. Nel frattempo, la banca francese non finanzierà più progetti e aziende fossili a meno che non accettino di eliminare gradualmente le loro attività nel settore del petrolio e del gas entro il 2040 e di non sviluppare nuovi progetti in tal senso.
Perdita

È anche nell'interesse delle banche stesse imporre queste restrizioni, afferma Xavier Lerin di ShareAction.

Se la domanda di petrolio e gas diminuisce, in linea con gli scenari di 1,5 gradi, anche i prezzi scenderanno e gli asset si bloccheranno", afferma. E se la domanda non cala abbastanza da limitare il riscaldamento a 1,5 gradi, l'economia subirà gravi impatti fisici sul clima. Quindi, in entrambi i casi, le aziende energetiche, le banche e i loro investitori perderanno valore".

L'ONG esorta i gestori patrimonlali a fare pressione sulle banche per chiedere politiche che limitino i finanziamenti per l'espansione del petrolio e del gas.

Total, Shell e BP hanno acquistato petrolio russo per 100 miliardi di dollari dall'annessione della Crimea

Una nuova ricerca mostra che le compagnie petrolifere europee hanno acquistato 100 miliardi di dollari (circa 91 miliardi di euro) di petrolio dalla Russia dall'annessione della Crimea.

Le compagnie petrolifere Total, Shell e BP hanno effettuato acquisti per un valore di 100 miliardi di dollari tra il 2015 e il 2021. È quanto emerge da How European Big Oil has fuelled Putin's war, una nuova analisi dell'organizzazione europea Transport & Environment (T&E).

Big Oil ha dimostrato che non ci si può fidare del fatto che metta l'etica al di sopra dei profitti", afferma con decisione T&E.

Ricavi per la Russia
Delle tre compagnie petrolifere europee, TotalEnergies ha dato il maggior contributo alle entrate dello Stato russo dal 2015, con acquisti di petrolio russo per 57 miliardi di dollari. Segue Shell con acquisti per 27 miliardi di dollari, seguita da BP (9 miliardi di dollari). Total e BP hanno effettivamente aumentato la quantità di petrolio importato dalla Russia dopo l'annessione della Crimea nel 2014.
Dopo l'invasione dell'Ucraina da parte di Putin, Shell e BP si sono ritirate dal Paese, mentre Total prevede di farlo entro la fine dell'anno. La Shell, in particolare, è stata messa sotto accusa per aver acquistato un grosso lotto di petrolio russo scontato, per il quale si è dovuta scusare.

La guerra troppo
Le multinazionali del petrolio sostengono di essere etiche, ma a loro interessano solo i profitti. Dall'annessione della Crimea da parte della Russia, hanno acquistato miliardi di dollari di petrolio, finanziando direttamente l'aggressione di Putin", ha dichiarato Carlos Calvo Ambel, direttore senior di T&E. La reazione dell'opinione pubblica ha reso l'attuale guerra una guerra di troppo per i boss del petrolio, ma per il popolo ucraino è troppo tardi".

Quattro dollari su cinque guadagnati dalle esportazioni russe di petrolio e gas provengono dagli acquisti di petrolio. Questi hanno sostenuto la spesa militare di Putin per più di due decenni, afferma T&E nell'analisi. "Tra il 2019 e il 2020, Shell, BP e Total hanno acquistato petrolio per un valore pari a un quarto del bilancio militare russo.

La transizione

T&E teme inoltre che la transizione verso le energie rinnovabili non abbia un partner equo nel settore petrolifero. Le compagnie petrolifere stanno realizzando profitti record grazie all'aumento dei prezzi dell'energia, quindi non c'è motivo di uccidere questa mucca da mungere nel breve termine, sostiene l'organizzazione. Le major petrolifere non hanno alcun interesse a rendere più ecologica l'economia globale nel più breve tempo possibile", afferma Calvo Ambel. Agiranno solo se costrette. Ma dobbiamo aspettare che Paesi come l'Olanda finiscano sott'acqua prima che decidano che quando è troppo è troppo?".

I governi rischiano richieste di risarcimento miliardarie per aver interrotto i progetti petroliferi e del gas
Secondo una nuova ricerca, gli investitori del settore petrolifero e del gas possono fare causa ai governi per miliardi attraverso trattati opachi se le politiche climatiche minacciano i loro profitti. Questo rende i governi riluttanti ad adottare politiche climatiche ambiziose.

Gli investitori possono utilizzare numerosi e oscuri trattati internazionali per vincolare i Paesi a sistemi energetici inquinanti e ritardare così l'azione per il clima, avvertono i ricercatori. La ricerca è stata pubblicata sulla rivista scientifica Science.

In totale, le richieste legali varrebbero 340 miliardi di dollari. Si tratta di una cifra superiore ai 321 miliardi di dollari di denaro pubblico spesi per il finanziamento del clima nel 2020.

Ciò significa che il denaro che i Paesi spenderebbero altrimenti per costruire un futuro a basse emissioni di carbonio potrebbe andare alle industrie che hanno consapevolmente alimentato il cambiamento climatico. Questo mette seriamente a rischio la capacità dei Paesi di avviare la transizione energetica", scrivono gli autori.

Trattati internazionali
I Paesi hanno firmato migliaia di trattati che proteggono gli investitori stranieri dalle azioni dei governi.

Questi trattati consentono agli investitori di citare in giudizio i governi per ottenere un risarcimento in caso di rottura dei contratti, negazione dei permessi di trivellazione o attuazione di politiche che influiscono sulle loro attività. Questi trattati sono chiamati ISDS: investor-state dispute settlement, ovvero accordi per risolvere le controversie tra investitori e Stati.

Lo studio avverte che i trattati "hanno un effetto deterrente" sui governi, impedendo loro di osare politiche climatiche ambiziose. Questo "soffocherebbe la transizione climatica", ha dichiarato il coautore Kevin Gallagher, professore di politica dello sviluppo alla Boston University.

In un rapporto completo, il mese scorso anche il gruppo di esperti sul clima delle Nazioni Unite (IPCC) ha avvertito che il meccanismo ISDS minaccia di rallentare la transizione energetica.

Centinaia di cause legali
Alla fine del 2021, erano noti almeno 231 casi in cui gli investitori in combustibili fossili avevano citato in giudizio un governo. Dei 171 casi conclusi, un terzo è stato deciso a favore dell'azienda produttrice di combustibili fossili e un altro terzo si è concluso con un accordo.

Un caso recente è quello della società britannica Ascent Resources, che giovedì ha intentato una causa contro il governo sloveno per aver introdotto il divieto di fracking. L'azienda chiede già 100 milioni di euro di danni perché il governo le ha imposto di completare uno studio di impatto ambientale prima di effettuare il fracking vicino a una fonte d'acqua.
Anche la compagnia petrolifera britannica Rockhopper chiede un risarcimento al governo italiano per il divieto di trivellazione offshore. Negli Stati Uniti, la società canadese TC Energy chiede 15 miliardi di dollari di danni

perché il presidente americano Joe Biden ha bloccato la costruzione dell'oleodotto Keystone XL.

I paesi in via di sviluppo sono i più colpiti dall'ISDS
I Paesi in via di sviluppo, che hanno bisogno di maggiore sostegno per la transizione dalle economie basate sui combustibili fossili, subiscono le maggiori perdite potenziali nell'ambito del sistema di controversie.

Secondo lo studio, il Mozambico, che ha dato il via libera a un enorme progetto di sviluppo del gas, è in cima alla lista. Il Paese potrebbe perdere tra i 7 e i 31 miliardi di dollari in costi di compensazione se cambiasse rotta. Segue la Guyana, dove è stato trovato uno dei più grandi giacimenti di petrolio degli ultimi anni. Per questo Paese sono in gioco tra i 4 e i 21 miliardi di dollari. Anche il Venezuela e la Russia sono ad alto rischio, così come il Kazakistan e l'Indonesia.

In totale, 33 governi sono vulnerabili a richieste di risarcimento se fermano progetti petroliferi e di gas in fase di sviluppo ma non ancora attivi, scrivono i ricercatori.

Un quadro incompleto
Si tratta del primo studio che stima su questa scala il costo potenziale della copertura degli investimenti soggetti a un meccanismo ISDS. Tuttavia, lo studio presenta un quadro incompleto: i ricercatori hanno preso in considerazione solo i progetti di petrolio e gas in fase di pre-produzione. Lo studio non prende in

129

considerazione il carbone, i progetti operativi di petrolio e gas, le infrastrutture per il trasporto di combustibili come oleodotti e terminali GNL, né gli investimenti in progetti che causano la deforestazione tropicale, la terza fonte di emissioni globali di gas serra.

Le aziende spesso utilizzano complesse strutture sussidiarie per nascondere il vero proprietario di una società, il che significa che il vero costo potenziale dei progetti di produzione di petrolio e gas coperti dall'ISDS è probabilmente molto più alto.
Uno studio del 2020, che ha preso In considerazione esclusivamente il Trattato sulla Carta dell'Energia - che è il maggior responsabile delle potenziali richieste di risarcimento - ha stimato in 1.300 miliardi di euro le potenziali richieste di risarcimento degli investitori in combustibili fossili nei confronti degli Stati membri entro il 2050.

Ecocidio

L'autrice di questo studio, Yamina Saheb, è stata in passato coinvolta nel Trattato sulla Carta dell'Energia, ma ora è una delle critiche più esplicite nei suoi confronti.

È un disastro per l'azione a favore del clima", afferma Saheb, ora analista presso il think tank OpenExp, definendo la continuazione del meccanismo ISDS un "ecocidio" e un "modo neocoloniale di mantenere il controllo sui Paesi in via di sviluppo".

Saheb spiega che gli accordi di acquisto di energia elettrica promossi dalla Banca Mondiale e da altre istituzioni per garantire contratti di elettricità a lungo termine ai Paesi in via di sviluppo hanno vincolato i Paesi a contratti con investitori protetti da trattati ISDS.

Se il Segretario generale dell'ONU António Guterres vuole fare i conti con la realtà, dovrebbe convocare una riunione d'emergenza per sciogliere tutti i trattati ISDS", ha detto Saheb. La possibilità di raggiungere gli obiettivi climatici di Parigi dipende da questo, conclude Saheb.

www.ingramcontent.com/pod-product-compliance
Lightning Source LLC
Chambersburg PA
CBHW071202130726
47998CB00002B/581